인구의 진화

지역 소멸을 극복하는 관계인구 만들기

———

이 책은 2018년 대한민국 교육부와 한국연구재단의 지원을 받아 수행한 연구
입니다. (과제번호: NRF-2018S1A3A2075237)

서강대학교 SSK(Social Science Korea) 지역재생연구팀은 2018년 9월부터
교육부(한국연구재단)의 지원으로 한국과 일본의 지역가치 창업과 지역재생
을 연구하고 있습니다.

인구의 진화

지역 소멸을 극복하는 관계인구 만들기

다나카 데루미 지음

윤정구·조희정 옮김

더가능연구소
THE POSSIBILITY LAB

목 차

이 책을 구입해주셔서 감사합니다. 아마 독자들은 '관계인구'라는 말이 무엇을 의미하는지 궁금하실 겁니다. 들어본 적도 없는 말이거니와 들어봤다 해도 그 의미를 잘 모르는 사람이 대부분이겠지요. 저 자신도 주변에서 무슨 책을 쓰냐고 물어보길래 관계인구에 대한 책이라고 말했더니 많은 사람들이 의아하다는 표정을 지었습니다. '생각 이상으로 관계인구라는 말을 아는 사람이 별로 없구나. 관계인구라는 제목을 포기해야 하나' 하고 꽤 망설였습니다.

그러나 관계인구야말로 본격적인 인구감소시대에 진입한 '축소일본사회'*를 구할 수 있는 새로운 사고방식이자 새로운 지역전략이라고 믿고 있습니다. 관계인구라는 사고방식을 널리 알리면 더 나은 사회를 만들 수 있기 때문입니다.

인구의 진화

이제까지는 지역을 건강하게 만들려면 지역 '정주'인구를 늘리거나 단기적으로 방문하는 '교류'인구를 늘려야 한다는 식의 주장이 많았습니다. 특히 최근에는 억지로 거주인구를 늘리려는 경쟁이 더 심해지고 있습니다. 그런데 일본 전체 인구가 줄어드는 현실에서 지역끼리 인구 유입만 경쟁하면 결국 어떤 곳이 늘면 어떤 곳은 줄어드는 것을 의미하기 때문에 너무 소모적이고 무의미합니다.

반드시 지역 주민만 지역을 건강하게 만들 수 있는 것도 아닙니다. 꼭 그 지역에 살지 않더라도 지역을 건강하게 만들고 싶다는 생각으로 지역을 응원하며 참여하는 사람들이 늘면 지역은 건강해질 수 있습니다. 이렇게 지역에 다양하게 참여하는 사람들이 바로 관계인구입니다. 정기적으로 방문하여 특산품을 구입하거나 지역과 떨어져 살지만 응원하는 팬, 함께 즐거워 해주는 사람은 어느 지역에나 반드시 있습니다.

지역 활동가나 정부기관도 관계인구라는 새로운 개념에 주목하고 있습니다. 관계인구 개념이 미래를 개척할 수 있는 키워드가 아닐까 하는 관심이 급속히 확산되고 있는 것입니다. 그러나 이 말은 생긴 지 얼마 안 된 용어입니다.

첫째, 지금, 왜 관계인구인가. 둘째, 관계인구의 구체적인 목표는 무엇인가. 셋째, 어떻게 관계인구를 만들 수 있는가에 대한 깊이 있

---

* '축소일본사회'는 2016년 9월 25일 NHK가 방영하여 화제가 된 방송 프로그램 〈축소일본의 충격(縮小ニッポンの 衝擊)〉에서 인용한 표현이다.
(https://www6.nhk.or.jp/special/detail/index.html?aid=20160925) (역주)

는 논의도 진행되지 않고 있습니다. 따라서 이 책은 이 세 가지 질문에 대답하고자 합니다.

저는 일본의 인구감소 최첨단 지역인 시마네현(島根県)*을 거점으로 활동하는 로컬 저널리스트(local journalist)**로서 실제로 관계인구를 체험했고, 그 체험을 바탕으로 이 책을 썼습니다.

고향이 창피하다

관계인구에 관심을 갖게 된 이유를 좀 더 자세히 말해보겠습니다. 제 고향은 일본 시마네현입니다. 지금은 일본의 전체 인구가 줄고 있는 상황이지만, 시마네현은 이미 20년 전부터 인구감소가 시작되어, '과소(過疎)'***라는 말의 발상지이기도 합니다.

사회 교과서에서 시마네의 폐가(廢家) 사진을 과소화의 대표적인 사례로 소개하기도 합니다. 저는 '지방, 게다가 과소지역 출신이라서 창피해'라는 생각을 갖고 간사이(関西) 지역의 대학으로 진학했습니다. 누가 어디 출신이냐고 물어보면 히로시마 위쪽이라고 대충

---

*이 책에서는 행정단위를 의미하는 경우에만 시마네현으로 표기하고 나머지는 시마네로 표기했다. (역주)
**'로컬 저널리스트'는 '지역에 살면서 지역 소식을 보도하고 기록하는 사람'이라는 의미로 저자가 만든 새로운 용어이다. 저자는 자신이 제1호 일본 로컬 저널리스트라고 말한다. (역주)
***자주 쓰는 표현은 아니지만 '과소'란 ① 너무 성김 ② 어떤 지역의 인구 등이 너무 적음을 의미한다. 일본에서는 ②의 의미에 더하여 이로부터 파생하는 정치·경제·사회 문제 등을 포괄하는 용어로서 '과소'라는 말을 사용한다. (역주)

얼버무리기도 했습니다.

취직하기 위해 많은 신문사에 지원하여 지역신문사인 산인주오신보샤(山陰中央新報社)에 합격했습니다. 1994년, 고향을 떠난 지 4년 만의 유턴(U turn)*이었습니다. 당시에는 내가 '미야코오치(都落ち)'**가 되는 건가 하는 초조한 마음 때문에 빨리 도시의 큰 신문사로 이직해야겠다는 생각만 했습니다. 곧 대도시 신문사의 수시 채용에 합격했는데, 바로 그때 내 인생을 다시 한 번 성찰하게 되었습니다.

대도시의 신문사에 취직하면 일반적으로 어딘가의 지역 지국에서 근무하게 됩니다. 만약 시마네가 아닌 다른 지역으로 전근하게 되면 낯선 외지에서 지금과 같은 동기를 갖고 일할 수 있을까, 나는 누구와 무엇을 위해 기사를 쓰는 걸까 하는 근본적인 의문이 새삼스럽게 들기 시작했습니다. 결론은 '지금과 같은 동기를 갖고 대도시에서 일하기는 어려울 것 같다'는 것이었습니다.

이직 생각이 굴뚝같았지만 그래도 항상 아침부터 밤까지 성실히 신중하게 일했습니다. 내가 애착을 느끼는 지역 사람들에게 도움이

---

*U·J·I턴은 인구이동 연구 분야에서 교통운전 용어를 차용하여 쓰는 말인데 엄밀한 학술용어라기보다는 일종의 유행어에 가깝다. U턴은 오던 길로 돌아가는 것처럼 말 그대로 지역 출생자가 진학이나 취업 때문에 도시로 일정 기간 떠났다가 다시 고향으로 돌아오는 것을 의미한다. J턴은 말하자면 U라는 글자를 세로로 반을 자르면 보이는 J자처럼 지역 출생자가 도시로 떠났다가 자기 출생지가 아닌 출생지 인근이나 다른 지역으로 이동하는 것을 의미한다. I턴은 (귀촌처럼) 제2의 거주지를 찾는 외지인(주로 대도시 거주자)이다. 아무 연고 없는 외지인이 지역으로 이동하는 경우를 말한다(류석진·조희정·김용복, 2020, 『로컬의 진화』, 스리체어스, pp. 24-42 참조). (역주)
**'미야코오치'는 도시에서 쫓겨나거나, 대도시에서 지방으로 전근하는 것으로서 '지방 좌천'이라는 비하의 의미를 담고 있다.

되고, 조금이라도 그 사람들과 지역에 행복을 전하고 싶다는 마음으로 기사를 썼습니다. 그러면서 고향을 근거로 일할 수 있는 행복감을 처음으로 실감했습니다. 대도시의 신문사로 가고 싶었던 것은 다른 사람으로부터의 평판이나 사회적 명성에 현혹되었기 때문이고, 도시는 수준 높고 지방은 수준 낮다는 편견에 휩싸인 세상 분위기에 나를 억지로 맞추려고 했기 때문이라는 것도 깨달았습니다.

그렇다면 (타인의 편견에만 맞추며 살지 말고) '나의 행복은 여기에 있다. 주체적으로 고향을 선택해서 살아가자'라고 결심했습니다. 고향에서 기자로 일하면서 평판과 분위기 같은 타인의 기준이 아니라 나 자신의 행복과 가치관을 기준으로 살겠다고 결정한 순간, 이직에 대한 생각을 접었습니다.

산인주오신보샤의 기자를 하면서 고향 시마네 일대의 주요 이슈인 인구감소에 대해 열심히 취재했습니다. 그러나 현장에서 고군분투하는 사람들은 있었지만 의미 있는 결과는 보이지 않았고, 솔직히 말하면 낙관하기 어려운 답답한 상황만 이어졌습니다.

살고 있는 사람만 할 수 있는 일인가

입사한 지 10년이 지난 2009년, 산인주오신보샤 도쿄 지사에 부임한 후 내 상식을 뒤흔든 세 가지 경험을 했습니다.

첫째는, 도쿄와 지역의 단절입니다. 도쿄 지사에 부임하자마자 신문 칼럼에 이렇게 썼습니다.

도시는 '가혹'하다. 매일 그렇게 느끼는 가장 큰 이유는 통근열차 때문이다.

나는 도쿄 굴지의 혼잡노선 근처에 집을 정했다.

승차 시간이 짧다고 해도 아침 출퇴근 시간에는 특히 혼잡이 심했다.

플랫폼에 들어선 열차는 이미 초만원이다.

'더 이상 무리'라고 생각하지만 탈 수밖에 없다.

비집고 올라타서 '한 사람 서 있기도 힘들군' 하고 생각할 때도 있다.

그러나 오늘 아침도 여전히 떠밀려 나왔고 다음 열차를 기다린다.

아무튼 사람이 너무 많다.

한편 좀 더 여유를 갖고, 좀 더 인간적으로 생활할 수 있고,

먹거리와 자연도 풍부한 산인(山陰) 같은 지역은 인구감소 때문에 고민한다.

여러 이유가 있겠지만 이미 십수 년간 이어지고 있는 일본의 모습이다.

이대로 좋은가.

조금이라도 현재의 흐름을 변화시키는 것은 불가능한가.

(과소와 과밀 문제를 포함해) 도시와 지역의 존재를 탐구하는 기
사를 쓰고 싶다고
터질 것 같은 만원 전차 속에서 생각한다.

이런 가혹함 속에서 하루하루를 살아가는 도시인들은 대단하며
정말 존경스럽다고 생각했습니다. 새삼스럽게 이런 도시에 비하면
고향 시마네는 정말 살기 좋은 곳이라고도 생각하게 되었습니다. 철
도와 버스 배차 시간도 적고 식당도 별로 없기 때문에 도쿄와 같은
대도시에 비하면 분명 불편하지만 그렇다고 생활이 불가능할 정도
는 아닙니다.

오히려 신선한 야채와 생선, 풍부한 자연이 가까이에 있으니 호화
롭다는 느낌마저 듭니다. 그러나 도쿄 친구들에게 시마네의 좋은 점
을 말해도 잘 이해하지 못합니다. 그래서 '생생한 지역 정보를 도쿄
에서는 보기 힘들다. 도시와 지역은 단절되어 있는 것은 아닐까'라
는 가설을 품게 되었습니다.

도쿄에서 두 번째로 놀란 것은 시대 변화입니다. 시마네 출신자들
의 모임에서 만난 학생들은 시마네가 자신의 고향이라고 당당히 말
했습니다. 자랑스럽게 "시마네가 제일 좋아요", "언젠가 돌아가고
싶어요"라고 말하기까지 했습니다. 이렇게 지역에 대한 관심이 높아
졌다는 것은—저의 대학 시절에는 상상할 수 없었던— 새로운 흐름
이었기에 적잖은 충격을 받았습니다.

물론 그렇다고 바로 고향으로 이주할 수 있는 것은 아닙니다. 도

쿄의 일과 가족 문제 등 인생에는 결정을 내려야 하는 적절한 때가 있습니다. 다만 꼭 이주하지 않아도 고향의 일에 참여하고 싶고 도움을 주고 싶어하는 사람들을 만난 것입니다.

'그래, 떨어져 살아도 참여할 수 있다면 그건 그대로 괜찮지 않을까.' 이것이 세 번째로 크게 느낀 새로운 발견이었습니다. 당시 저는 시마네 출신의 젊은 경영자 모임인 '넥스트 시마네(ネクスト 島根)'에 참여하고 있었습니다. 회원들 모두 바쁜 경영자들인데도 불구하고 월 1회씩 아침 7시부터 모여 고향을 위해 무엇을 할 수 있을까 하고 열렬히 토론했습니다.

그들의 진지한 모습에 내 마음도 뜨거워졌고 고향에 기여하고 싶은 마음을 어떻게 실현할까 하고 고민하기 시작했습니다. 시마네와 직접 연결하고 싶어서 계획서를 써서 지원해보기도 했습니다. 그러나 지역에서 돌아오는 반응은 '그렇다 해도 살러 오는 건 아니잖아'라는 냉소적인 체념적 반응뿐이었습니다.

마음속으로는 '꼭 살아야만 해요? 떨어져 살아도 참여하며 도움주려는 사람들과 서로 연결되면 좋지 않나요? 모두 같은 동료잖아요!'라고 외치고 싶었습니다. 말이 좀 거칠어져 버렸네요. 죄송합니다. 고향에 참여하며 도움되고 싶은 마음이 결실을 맺지 못하고 허공에 맴도는 것이 분해서 눈물을 뚝뚝 흘렸던 당시의 느낌이 지금도 생생하게 기억납니다.

인구가 줄어드는 시마네에서는 일손이 부족하다, 마땅한 사람이 없어서 힘들다는 목소리도 들려왔습니다. 그런 상황인데도 정작 지역에서는 외부에서 참여하려는 많은 사람들에게 제대로 반응하지 않는 모순된 상황만 있을 뿐이었습니다. 사회적으로 "그 지역엔 몇 집이나 살아?"라는 식의 기준만 너무 강하다 보니 지역이 쇠퇴하는 것도 당연하다고까지 생각하게 되었습니다.

지역에서 진행되는 새로운 움직임

도쿄 근무를 마치고 시마네에 돌아온 것은 2012년 봄이었습니다. 당시 고향의 분위기는 과거와 다르게 많이 변해 있었습니다. 뜻있는 청년들이 이주하여 지역 만들기가 재미있다며 창업하거나 비영리법인(NPO)에 취직하는 등—제가 도쿄에서 느꼈던 것처럼—확실히 새로운 움직임이 일어나고 있었습니다.

지역 전문 잡지《자휴자족(自休自足)》의 '도시여, 그렇다면! 이주 신세기'라는 특집, 환경과 소셜라이프스타일 전문 잡지《소토코토 (ソトコト, https://sotokoto-online.jp)》의 '일본열도 이주계획'이라는 특집을 통해서도 지역에 대한 관심이 점점 높아지는 것을 확실히 느낄 수 있었습니다. 이렇듯 시마네 지역뿐만 아니라 전국에서 형성되는 새로운 흐름을 확신한 저는 2013년 신년 벽두에 '이주 신세대'라는 5회 시리즈 기사를 연재하게 되었습니다.

그 과정에서《소토코토》의 사시데 가즈마사(指出—正) 편집장을 만났고, 2012년부터 시마네현이 도쿄에서 시작한 '시마코토 아카데미(しまコト アカデミー, http://www.shimakoto.com)' 강좌의 강사

를 하게 되었습니다. 이 강좌는 시마네 출신의 도쿄 거주자를 대상으로 고향과 떨어져 있더라도 고향과 지역 만들기를 함께하자는 전국 최초의 시도였고, 내 생각과도 딱 맞는 시도였습니다.

사시데 편집장은 이주와 정주에 관한 한 '시마네 지역이 최첨단'이라고 말했습니다. '에이~ 과속화로 뒤처져 있는 그 시마네 지역이 최첨단이라고?' 반문할 수밖에 없었습니다. 그런데 정말 일본 내에서 시마네의 입지가 크게 달라지고 있었습니다. 일본 전체 인구가 늘고 경제가 성장하던 시절에는 시마네를 최초의 과소화 지역이라고 폄하하더니 인구감소시대가 되자 일본을 먼저 변화시킬 수 있는 최첨단 지역이라며 시마네를 재평가하게 된 것입니다. 언제부터인가 대전환이 일어난 것입니다. 여러분이 살고 있는 지역도 언젠가 시마네처럼 될지 모릅니다. 시마네를 통해 우리가 사는 지역과 사회의 미래를 전망할 수 있다는 말입니다.

2014년은 지역의 일대 전환이 발생한 시기입니다. 정부가 지방창생정책을 발표하였고, '2014년까지 896개의 지자체가 소멸한다'라는 마스다 보고서가 사회적으로 큰 논란이 되면서 지역의 인구문제에 모두 주목하게 되었습니다.[*] 시마네도 현의 80퍼센트 이상 지자체가 소멸한다고 발표되면서 지자체별로 경쟁적으로 인구대책 논의를 시작했습니다. 그러나 정작 그 세부 내용은 기업 유치 촉진이나

---

[*]마스다 보고서 때문에 진행된 일본의 지방소멸 논쟁에 대해서는 류석진·윤정구·조희정 역, 2020, 『마을의 진화: 산골 마을 가미야마에서 만난 미래』, 서울: 반비, pp. 146-147 참조. (역주)

고속도로 건설과 같은 인프라 시설 정비 등 인구가 증가하던 고도 성장기의 정책과 유사한 것들뿐이었습니다.

'이미 인구감소시대인데 그런 식의 대응이 과연 적절한가' 하는 회의감에 이내 쓸쓸해졌습니다. '청년으로 인한 변화라는 새로운 흐름에 관심을 갖고 좀 더 활력을 유도하려는 정책은 왜 나오지 않을까'라는 안타까움과 함께 한편으로는 '새로운 움직임으로 활력을 불어넣는 게 가능할까'라는 의구심이 동시에 들기도 했습니다. 청년이 이주하여 지역에서 활동하고 지역에 활기가 넘치게 되면 지속가능한 지역 만들기가 이루어지는 것인가 하는 문제에 대해 좀 더 근본적인 관점에서 고민하게 된 것입니다.

그러면서 오랫동안 일했던 산인주오신보샤를 퇴직하고 독립했습니다. 고향을 거점으로 도쿄를 비롯한 전국에 뉴스를 보내고 대도시에 근무하면서 느낀 도시와 지역의 단절 문제를 연결로써 해결하는 활동을 하고 싶었습니다. 그러던 중에 주변 사람들이 "독립해서 도쿄로 갈 거구나, 힘내!"라고 말해줘서 오히려 제가 더 놀랐습니다.

알고 보니 대부분의 프리랜서 저널리스트는 도쿄와 오사카 등 대도시에서 활동하고 있었습니다. '그렇군, 지역에는 프리랜서 저널리스트가 없구나. 그럼 내가 하지 뭐!'라는 생각으로 "나는 시마네에서 살겠다"라고 선언하고 로컬 저널리스트라는 직업을 스스로 만들었습니다.*

---

*예를 들어 일본의 47개 도도부현에서 최소 한 명씩이라도 이렇게 얘기하는 사람이 생기면 좋겠다는 생각에서 그렇게 말한 것입니다.

관계인구 개념

신문사를 그만두고 저널리스트로 독립한 후에 청년으로 인한 변화라는 새로운 흐름을 어떻게 활용할 수 있을까 하고 고민하던 차에 모교인 오사카대학원 인문과학연구과 대학원 석사과정에 입학하여 좀 더 본격적으로 관심 주제에 대한 연구를 진행하게 되었습니다. 대학원 지원 서류에는 다음과 같이 지원 이유를 썼습니다.

> 시마네현 사례를 현장에서 연구하여―U턴을 포함한―인구
> 감소시대에 지속가능한 지역 만들기 모델을 제시하고 싶다. 이 연
> 구는 전국 최초 인구감소지역으로 불리며 그 어떤 새로운 도전도
> 진행되지 않던 시마네에서야말로 가능한 연구이다. 이 연구를 통
> 해 일본 각지에서 같은 문제를 고민하는 사람들에게 조금이나마
> 도움이 되고 싶다.

지원서에 쓴 대로 현장을 연구하여 2017년 4월에 석사논문 「인구감소시대의 외지인과의 지역재생: 시마네현 사례를 중심으로」를 제출했습니다. U턴하는 이주자 등 외지인이 지역 변화에 미칠 수 있는 효과를 시마네현 아마정(海士町)과 고쓰시(江津市) 사례를 중심으로 분석한 논문이었습니다. 논문을 쓰면서 외지인의 참여 자체가 지역에 큰 힘이 될 수 있다는 사실을 깨달았습니다.

게다가 (떨어져 살고 있어도 지역에 다양하게 참여할 수 있는) 관계인

구 형성을 목표로 하는 새로운 사고방식을 적용하는 것이 실제로 가능하다는 것을 알게 되었습니다. 제가 찾던 방법을 마침내 찾은 것입니다.

지역에 대한 청년의 관심을 높임으로써 시대의 흐름에 힘을 불어넣어 지역을 구하고, 무엇보다 참여하고 싶은 사람의 마음이 공허하게 떠도는 일 없이 정말 서로에게 바람직하고 상생할 수 있는 변화를 이룰 수 있다는 가능성에 흥분을 감출 수 없었습니다. 관계인구로의 발상 전환이 필요하다고 제안한 것입니다.

그러나 여전히 깊은 관찰은 부족한 상태였고 그저 새로운 일을 하고 싶다는 의욕만 있던 차에 이 책의 집필을 제안받았습니다. 고마운 일이지 않습니까. 그 인연에 감사를 드립니다.

이 책의 구성

이 책의 구성은 다음과 같습니다.

제1장은 왜, 지금 관계인구에 주목해야 하는가, 관계인구란 과연 주목할 만한 가치가 있는 개념인가라는 문제의식으로 논의의 배경을 정리했습니다.

제2장은 기존 논의를 되짚어 보면서 관계인구의 특징에 대해서 보다 자세히 논의하였습니다.

제3장부터 제7장은 관계인구 형성을 위한 가장 중요한 실천인 시마코토 아카데미를 소개한 것입니다. 시마코토 아카데미는 관계안

내소 역할을 한 실천 사례입니다. 아카데미의 핵심 인물과 그들의 생각과 운영 방식을 정리하면서 관계인구 형성을 위한 핵심 요소를 제시했습니다.

제8장은 시마코토 아카데미의 구조를 분석하면서 관계인구의 형성 방법과 앞으로의 과제를 제시했습니다.

관계인구 개념에 대해 관심 있는 독자는 제1, 2, 8장을 중심으로 보면 좋고, 시마네와 시마코토 아카데미, 지역에 대해 고민하는 사람들의 이야기에 관심이 있다면 제3장부터 제7장까지 보면 좋을 것 같습니다.

이 책을 선택한 분들은 '인구감소 때문에 마음 아프고, 지역에서 뭔가 하고 싶어서 고민하며 노력하는 사람들이 아닐까'라는 상상을 해봅니다. 지역 주민, 민간기업, NPO 활동가, 공무원, 도시 거주자로서 다른 지역을 응원하는 사람도 있겠지요. 이 책을 통해 지역과 관계 맺고 싶지만 무엇을 어떻게 해야 할지 모르는 사람들이 도움을 받았으면 좋겠습니다.

또한 이 책은 인구감소시대에 주목할 만한 새로운 사고방식으로서 관계인구 개념을 심도 있게 소개하고, 시마코토 아카데미를 통해 관계인구라는 지역 혁신이 진행되는 과정을 기록한 것이기도 합니다.

제1장

왜, 지금
관계인구인가

관계인구는 '실제로 지역에 살지 않아도 지역에 다양하게 참여하는 사람'입니다. 정기적으로 방문해서 특산품을 구매하거나, 떨어져 살지만 그 지역의 팬으로서 함께 즐거워하는 사람은 어느 지역에나 있습니다. 정주인구나 단기 방문하는 교류인구도 아닌 이런 새로운 인구를 관계인구라고 합니다. 관계인구는 일본 정부*와 지역 활동가들도 주목하는 개념입니다. 그렇다면 과연 관계인구란 무엇일까요?

---

*일본 총무성에서는 2016년부터「앞으로부터의 이주·교류시책의 방법에 관한 검토회(これからの移住・交流施策のあり方に関する検討会)」[대표: 오다기리 도쿠미(小田切德美) 메이지대학 교수]를 구성하여 관계인구정책을 핵심 지역정책으로 추진 중이다(https://www.soumu.go.jp/main_sosiki/jichi_gyousei/c-gyousei/kankeijinkou.html). 또한 관계인구 포털 사이트(https://www.soumu.go.jp/kankeijinkou)를 통해 관계인구정책 추진 현황에 대한 정보를 제공하고 있다. (역주)

인구감소시대의 성과 없는 쟁탈전

많은 사람들은 이미 일본이 인구감소사회에 돌입했다는 것을 잘 알고 있습니다. 그리고 인구감소를 막아보겠다고 지자체들이 실시하는 이주·정주 쟁탈전은 과열 양상을 보이고 있습니다. 경쟁적으로 빈집 제공, 아동의료비 무료, '이주하면 ○○○원' 같은 특전을 제공한다고 합니다. 지자체의 인구 획득 게임*이 진행되고 있는 것입니다.

지자체에 전입하여 특전을 받으면 이내 그곳 주민이 되는 것처럼 선전합니다. 일본 이주·교류추진기구(JOIN, Japan Organization for Internal Migration, https://www.iju-join.jp) 홈페이지는 '이주하면 좋은 일이 생긴다! 모르면 손해 보는 전국 지자체 지원제도 9960'이라는 주제로 지자체별 이주자 지원정책을 자세히 소개합니다.

그러나 이런 분위기는 일단 잊고 그 전제(前提)를 다시 생각해봅시다. 본격적인 인구감소사회라고 하는데 과연 얼마나 인구가 감소했을까요.

일본은 메이지 시대**부터 인구증가가 이어지는 동안 크게 네 번의 위기를 경험했습니다.*** 5년마다 실시하는 인구조사에 의하면 2015년 일본 총인구는 1억 2,709만 4,745명으로 2010년에 비해 96

---

* 山下祐介, 2014, 『地方消滅の罠: 增田レポートと人口減少社会の正体』, 筑摩書房.
** 메이지 시대(明治時代)는 1868년부터 1912년까지이다. (역주)
*** 鬼頭宏, 2000, 『人口から読む日本の歷史』, 講談社.

만 2,607명(0.8퍼센트)이 감소하여 1920년 조사를 시작한 이후 처음으로 감소세를 보이기 시작했습니다.

오랫동안 경험해보지 못한 국면을 맞이한 것입니다. 앞으로도 이런 경향은 크게 바뀔 기미가 보이지 않습니다. 국립사회보장·인구문제연구소는 2030년에는 인구수가 1억 1,662만 명으로, 2053년에는 (1억 명을 넘지 못하고) 9,962만 명으로 줄어들 것이라고 예측합니다.

지금까지 미래를 설계할 때에는 인구 확대와 성장을 자연스럽게 전제했지만 이제부터는 그런 전제 자체가 작동하지 않을 수 있습니다. 따라서 지금부터는 인구증가가 아니라 인구감소를 전제로 새로운 전략을 세워야 합니다.

상황이 이 지경인데도 지자체들은 거주인구라는 정해져 있는 파이(pie)를 서로 뺏는 일을 반복하고 있습니다. 민폐이기도 하고 무모한 시도입니다. 어느 곳이 늘면 어느 곳은 줄어들게 마련이니까요. 제로섬 게임(zero-sum game)처럼 승자와 패자가 나뉘게 됩니다. 실제로 이런 현상에 대한 걱정과 지적도 나오고 있습니다.*

지역은 소멸하는가

지역은 지금까지 계속 인구감소를 경험해왔습니다. 1950년, 도

---

*筒井一伸·嵩和雄·佐久間康富, 2014,『移住者の地域起業による農山村再生』, 筑波書房.

쿄·나고야·오사카와 같은 일본의 3대 도시권에 전체 인구의 약 1/3(34.7퍼센트)이, 그 외 지역에 2/3(65.3퍼센트)가 살고 있었지만, 3대 도시권의 인구 비율이 늘면서 2005년에는 3대 도시권에 50.2퍼센트, 그 외 지역에 49.8퍼센트로 비율이 역전되어 3대 도시권에 전체 인구의 과반수가 사는 상황이 되었습니다.

2014년에는 『지방소멸』*이라는 매우 자극적인 제목의 책이 출판되어 여러 논쟁이 진행되었습니다. 반론 중에는 설득력 있는 내용도 많았습니다. 이미 오랫동안 인구감소가 진행된 지역에서는 감소 가능성이라는 말도 어느 정도 사실일 것입니다. 2015년 총인구조사에서도 전체 47개 도도부현** 가운데 39개 도도부현에서 인구감소가 나타났습니다.

기본적으로 전후 고도 성장기를 거치며 이런 구조가 계속 이어지고 있습니다. 사람들이 계속 지방에서 도시로 이동하기 때문입니다. 인구감소지역 가운데에는 최근 20년 훨씬 이전부터 인구가 감소하기 시작한 곳도 있습니다.

중요한 것은 인구감소지역에서 주민 의식이 줄어들고 포기감이 형성된다는 사실입니다. 이른바 '마음'의 문제가 발생하는 것입니다. 농촌문제연구 권위자인 메이지대학(明治大学) 오다기리 도쿠미(小田切德美) 교수는 이러한 문제에 대해 사람·토지·마을이라는 세 가지

---

*増田寛也, 2014, 『地方消滅:東京一極集中が招く人口急減』, 中公新書(앞서 소개한 마스다 보고서를 단행본으로 출간한 책). (역주)
**47개 도도부현은—우리나라의 특별시, 광역시, 기초자치구처럼— 일본의 행정구역 단위이다. (역주)

의 공동화(空洞化)가 나타난다고 진단하면서 지역 주민이 거주의 의미와 자부심을 상실하게 되는 '자랑의 공동화'* 문제가 심화되고 있다고 비판했습니다. '자녀가 도시로 나가서 잘됐다', '이런 낙후 지역에는 청년이 없다'라는 말을 일상적으로 하면서 포기하고 낙담하여 결국은 활동정지지역이 된다는 것입니다.

저도 자신이 살고 있는 지역에 대해 '아무것도 없어요', '따분한 곳이에요'라고 자조적으로 내뱉는 말을 듣고 슬픔과 분함을 느낀 경험이 있습니다. 아무것도 없는 지역, 따분한 지역은 존재하지 않는데 말입니다. 게다가 강연회에서 질의응답을 받을 때면, '젊은이가 오지 않는다'는 한탄과 '그래도 내 자식들은 돌아오지 않았으면 좋겠다'는 전혀 상반된 의견을 듣기도 했고 주민들도 자부심 자체가 없는 것 같다는 느낌을 종종 받았습니다. 그렇다고 그런 주민들을 억지로 재촉할 생각은 없습니다. 사람이 점점 줄어드는 과정에서 마음의 상처를 입었다는 사실이 제일 큰 문제이기 때문입니다.

지역 주민의 포기와 마음의 황폐함을 지적하는 논문과 책도 많습니다. 결과적으로는 '지역 인구를 감소시키지 않고 건강하게 만들고 싶다', '어떻게든 하고 싶다'며 움직이는 사람이 있어도 이미 주변의 분위기 자체가 패배적이고 동기부여할 수 있는 상태도 아니라서 뭔가 좀처럼 나아지지 못하는 상황입니다. 소멸이라고 표현할 정도로 인구가 감소하는 상황이기 때문에 새롭게 뭘 해보려고 해도 힘이 나

---

* 小田切德美, 2014, 『農山村は消滅しない』, 岩波新書. 여기에서 공동화란 마땅히 있어야 할 내용이 없어지거나 속이 텅 비게 되는 현상을 의미한다. (역주)

지 않고, 주민의 포기감만 커져 지역은 체력적으로나 정신적으로 위기에 직면해 있습니다.

지역부흥협력대* 4천 명

한편 위기에 직면한 지역에 새로운 움직임이 생겨나고 있습니다. 도시 청년들의 지역에 대한 관심이 높아지면서 '전원 회귀(田園回歸)' 현상이 나타난 것입니다. 전국 20세 이상 청년을 대상으로 2014년 내각부에서 실시한 농어촌 여론조사에 의하면 농어촌지역으로의 이주 희망자는 31.6퍼센트로서 2005년 조사의 20.6퍼센트에 비해 (10년 만에) 11퍼센트포인트 증가했습니다.

과소화지역을 대상으로 총무성 조사연구회가 실시한 도시 주민의 전원 회귀 현황조사에서도 농어촌지역으로 이주하고 싶다는 응답이 전체의 30.6퍼센트로 나타났고 주로 20대와 30대가 그렇게 응답했으며, 그중에 가장 높게 응답한 계층은 20대 남성으로서 43.8퍼센트가 이주하고 싶다고 응답했습니다.

실제로 어느 정도의 규모가 이주했을까요. 안타깝게도 전국 이주 현황에 대한 정부 조사 자료는 없고 누구도 파악하지 못하고 있는 것이 현실입니다. 대신 참고할 만한 두 종류의 데이터를 제시해보겠

---

*2009년부터 실시된 지역부흥협력대의 정식명칭은 '地域おこし協力隊', 즉 '지역을 일으켜 세우는 협력대'이다. 우리나라에서는 2015년부터 지역이전협력대, 지역창조협력대, 지역만들기협력대, 지역활성화협력대, 지역진흥협력대, 지역방문협력대 등 여러 가지 명칭으로 부르다가 2015년 말부터 지역부흥협력대라고 부르기 시작했다. (역주)

습니다.

첫째, 2014년에 지자체 지원으로 이주한 사람들은 1만 1,735명으로 2009년부터 5년간 4배 이상 늘었습니다.[*] 다만 정부 지원을 받은 경우이기 때문에 정부의 지원 없이 이주한 사람들을 포함하면 그 수는 더 많을 것입니다. 즉 지역 이주 증가 경향은 분명히 나타나고 있습니다.

둘째, 시마네현의 이주자 조사 자료에 의하면 2016년에 시마네현으로 이주한 사람은 4,376명인데 그 가운데 U턴이 2,687명, I턴이 1,643명이며, U턴과 I턴 모두 20, 30대가 많고 연령별로는 20~29세가 1,212명, 30~39세가 910명으로 나타났습니다. 청년 이주자가 많은 것입니다.

정책적으로는 지자체들이 이주자를 대상으로 일정 기간 지역에 생활거점을 지원하는 지역부흥협력대 제도를 도입했습니다. 제도가 시작된 2009년에 31개 지자체가 도입하여 89명이 이주하였고, 2016년에는 886개 지자체가 도입하여 3,987명이 이주하였습니다. 즉 4,000여 명의 사람들이 도시에서 지역으로 이주하여 지역 응원 활동을 하고 있습니다.[**]

---

[*] 마이니치신문, NHK, 메이지대학 지역거버넌스론 연구실(연구책임: 오다기리 도쿠미) 공동조사.
[**] 물론 지역부흥협력대의 역효과에 대한 논쟁도 많다. (역주)

인구의 진화

자칭 고향난민들

왜 지금 지역에 대한 관심이 높은 것처럼 보이는가에 대해 도시 청년의 현실적인 시각으로 평가해보겠습니다. 저는 도쿄에 3년 정도밖에 살지 않았기 때문에 도시 주민의 생각을 전부 안다고 할 수는 없지만, 어쩐지 알 것도 같은 기분이 드는 이유는 도시에서 나고 자랐으면서도 자칭 '고향난민', '고향이 있었으면 좋겠다'고 말하는 친구가 있었기 때문입니다.

그 친구는 도쿄 다마시(多摩市)의 다마 뉴타운*에서 자랐습니다. 초등학생 시절에는 아동회도 있었고 근처 이웃과 '누구네 엄마'라는 식으로 부르며 소통했다고 합니다. 그런데 다른 지역의 사립중학교로 가면서 초등학생 시절 친구들과 멀어지게 되었고 과외 활동과 학원 등으로 바쁘게 되면서 집은 '잠자러 가는 곳'에 지나지 않게 되어버렸습니다. 고등학교도 지역 밖으로 간 탓에 그런 상황은 계속 이어졌다고 합니다. 지역에 동창생, 친구, 아는 사람이 없고 자주 들르는 역 근처에는 상가만 늘어서 있어서 좀처럼 애착을 느끼지 못하고 고향이라는 느낌도 못 받았다고 합니다.

사회인이 되어 도쿄에서 일하게 되자 사람과의 관계와 문화에 매력을 느껴 아사쿠사(浅草)에 있는 셰어하우스에도 살아봤다고 합니

---

*1965년 도쿄 도심의 주택난을 해소하기 위해 다마 뉴타운 건설이 결정되었다. 다마 뉴타운은 다마, 하치오지(八王子), 이나기(稲城), 마치다(町田)시에 걸쳐 약 2,900헥타르에 해당하는 지역으로 일본 뉴타운으로서는 최대 규모이다. 뉴타운의 목표 인구는 약 34만 명인데, 현재는 약 21만 명이 거주하고 있다.

다. 그러나 일이 너무 바빴기 때문에 새벽 한두 시에나 귀가하다 보니 말을 나눌 사람도 없고 셰어하우스 주위의 지역 음식점 등에도 제대로 여유롭게 방문할 수 없을 정도로 빠듯하게 살았다고 합니다. 도심 속에서 몸과 마음이 지쳐간 것이지요.

그 후 4백 명 정도가 사는 어촌에서 한 달간 살게 되었는데 정말 밀도 높은 공동체(deep community)여서 참견 잘하는 할아버지와 할머니들이 많았고, 누가 누구와 살고 뭘 타고 다니며 어제 저녁에 무엇을 먹었는지 서로 훤히 알 정도인 지역생활을 했다고 합니다. 그 지역에서는 동네에 술버릇 나쁜 사람이 있어도 "괜찮아 그런 사람이야"라며 편하게 받아들이는 분위기가 있어서 '이런 평온함이 고향인가'라고 처음 느꼈다고 합니다. 그래도 여전히 자신은 변하지 않은 채 그대로 살고 있다고 여겼다고 합니다. 도시에서는 일 때문에 사람을 만나는 일만 많았고, 명함을 교환하며 직위로만 그 사람을 부르는 '껍데기'로만 존재할 뿐이라고 느꼈다고 합니다.

그런데 지역에서는 사람과 사귀는 방법에 대해 스스로 고민해야 한다는 것을 깨달았다고 합니다. 처음에는 적응하기 힘들었지만 껍데기 속에 존재하는 자신의 참모습을 깨닫는 체험을 했고 '나도 고향이 있으면 좋겠다'라고까지 생각하게 되었다고 합니다.

그녀의 이야기를 들으면서 '왜 고민하는 걸까? 뭘 하고 싶은 걸까?'라고만 생각했는데 계속 듣다 보니 그녀가 진짜 '고향'을 원한다는 것을 알게 되었습니다. 그녀의 이야기 자체가 매우 절실하게 느껴졌기 때문에 아직도 인상적으로 기억하고 있습니다.

소통하고 싶다

그녀뿐만이 아닙니다. NHK가 제작한 〈무연사회(無緣社會)〉라는 다큐멘터리*는 사람 사이의 소통이 급속히 줄어들어 사회로부터 고립되는 사람이 늘어난 현실을 보여주면서 많은 사람의 불안감을 강조했습니다. 예전에는 지역에서 자유를 찾아 도시로 갔지만 정작 도시에는 자유도 없고 이웃 간에 '인연이 이어지지 않고 있다(無緣)'는 것을 강조한 내용이었습니다.

지역에서 도시로 이주한 1세대 이주자들은 고향이라는 출신지가 있기 때문에 이미 익숙한 연고를 통해 고향과 관계를 계속 유지할 수 있었지만, 그 자녀들인 2세대는 도시에서 나고 자랐기 때문에 부모 출신지와 관계가 별로 깊지 않습니다. 무연과 고독이 심화되는 도시생활을 하게 되는 것입니다.

이렇게 도시 거주자들이 경험하는 생활고를 멋지게 끊어버리는 시도를 한 사람은 《도후쿠 먹거리 통신》(東北食べる通信, 이하 《먹거리 통신》)**의 다카하시 히로시(高橋博之) 편집장입니다. 《먹거리 통신》은 식품 생산자와 생산품 정보를 제공하는 소식지로서 도호쿠 지역에서 시작되었습니다. 생산자와 소비자를 연결하는 프로젝트를 진행하여 현재 전국 36개 지역에서 발행되는 등 널리 확산되고

---

*https://www2.nhk.or.jp/archives/tv60bin/detail/index.cgi?das_id=D0009010577_00000(2010년 1월 31일 방송) (역주)
**https://tohokutaberu.me(2014년 4월부터 시작하여 2020년 10월 말 기준으로 일본 국내에 36개, 해외에 4개를 포함하여 총 40개 지역에서 발행되고 있다.) (역주)

있습니다.

다카하시 편집장은 도시 거주자의 폐쇄감과 갑갑증에 대해 '도시 거주자는 2개의 보이지 않는 감옥에 갇혀 있다'고 표현합니다.[*] 2개의 감옥이란 '자유의 노예라는 감옥'과 '생동감을 상실한 감옥'으로서 이 감옥에 갇혀 있기 때문에 관계성(연대)과 생동감(reality)을 갈망하게 된다는 것입니다.

저는 스스로를 '고향난민'이라며 자학적으로 말하는 도시 사람들을 많이 만났습니다. 대부분 이주 2세대들입니다. "고향이 있다니 부럽네요"라고 말하는 사람도 많았습니다. 그런 말을 들을 때마다 고향을 부끄럽게만 생각했던 저의 세대와는 사고방식이 많이 달라졌다는 느낌도 받았습니다. 지금은 고향이라는 말이 좀 더 다른 의미로서, 더 신선한 의미에서 도시 청년들이 새로운 관계를 맺을 수 있는 동경의 장소로도 평가되는 것입니다.

지역에 도움되고 싶다

그러면 그들이 진심으로 원하는 것은 어떤 관계일까요. 《소토코토》의 사시데 편집장이 쓴 『지역 영웅(local hero) 소개서』[**]에서 그 실마리를 찾았습니다. 사시데 편집장은 이러한 청년의 특징을 '소셜

---

[*] 高橋博之, 2016, 『都市と地方をかきまぜる』, 光文社.
[**] 指出一正, 2016, 『ぼくらは地方で幸せを見つける: ソトコト流ローカル再生論』, ポプラ社.

(social)'이라고 표현합니다. 여기에서 소셜이란 사회, 지역, 환경을 더 좋게 만들려는 행동과 운영 원칙이며, 이 시대의 키워드라고 소개합니다. 개인의 행복뿐만 아니라 지역의 행복을 생각하는 공공적이고 이타적인 생각과 행동이라는 것입니다.

사시데 편집장은 도시 청년들이 그런 생각을 갖게 된 배경이 2008년 글로벌 경제위기와 2011년 동일본대지진이라고 분석합니다. 큰 위기를 겪으면서 사람들의 가치관도 동시에 흔들렸기 때문에 '한 가지에만 의존하지 않고 살아가기', '균형감을 갖고 행복하게 살기'라는 새로운 가치관이 등장했고, 그 위에 현재 사회 시스템에 대한 의문, 앞으로의 미래와 그 과정에서 자신의 행복에 대해 고민하게 되면서 개인의 행복과 지역의 행복을 동시에 생각하게 되었다는 것입니다. 이런 현상은 확실히 과거와 다른 새로운 현상입니다.

과거에도 지역에 대한 관심이 높게 나타났던 적이 있긴 합니다. 1970년대에는 도시로 이주한 사람이 고향으로 돌아오는 U턴 현상이 주목받았고, 1980년대 후반에는 출신 지역과 관계 없는 곳으로 이주하는 I턴 현상도 있었습니다. 그러나 당시에 U턴했던 것은 (스스로 선택한 주체적인 이유 때문이 아니라) 가족의 사정이라는 소극적인 이유에서였고, I턴도 한가로운 전원생활에 환상을 가진 개인의 라이프스타일이나 특정한 이데올로기 실현을 위해 이주하는 경우가 많았기 때문에 지금처럼 새로운 의식에서 자발적인 선택을 하는 사람들은 적었습니다.*

소셜을 지향하는 지금 시대의 청년들에게 지역은 단순한 거주 장소나 나를 위해서만 사는 장소가 아닙니다. 자신도 지역도 모두 보다 더 좋게 만들기 위해 스스로 노력하고 싶고 돕고 싶다고 느끼는 장소인 것입니다.

돕기 위해서는 역할이 필요합니다. 인구감소지역에는 많은 과제가 있고 그 과제를 해결하기 위한 역할도 많이 필요합니다. 도전할 수 있는 일이 생기는 것입니다. 그래서 그들에게 지역이란 '기회가 많고 사람이 성장할 수 있는 장소'로 비춰지는 것입니다.

이것이 바로 제가 도쿄 시절부터 느껴온 새로운 흐름이라고 표현한 현상입니다. 지역에 대한 관심이 높아지고 소셜적인 청년이 노력하고 도전하는 장소로 지역이 다시금 재조명되는 새로운 흐름이 형성되는 것입니다.

새로운 흐름을 만드는 방법 1: 이주와 정주

지역에서는 새로운 흐름을 만들려고 어떻게 노력해 왔을까요? 이제까지 진행된 방법은 첫째, 이주와 정주. 둘째, 교류와 관광이라는 두 가지 방법입니다.

우선 지역에 이주하여 계속 살고 싶게 만드는 이주·정주정책이 있습니다. 많은 지자체들이 이주·정주정책에 힘을 쏟고 있습니다. 그

＊蘭信三, 1994, "都市移住者の人口還流-帰村と人口Uターン."(松本通晴・丸木恵祐編, 1994, 『都市移住の社会学』, 世界思想社, pp. 165-198); 小田切 徳美・筒井一伸, 2016, 『田園回帰の過去・現在・未来: 移住者と創る新しい農山村』, 農山漁村文化協会.

러나 상상해봅시다. 이주는 주거를 옮기는 것을 의미하지만 정주한 다는 것은 일자리와 인간관계는 물론 자신의 일상생활에 얽혀 있는 대부분의 일이 변한다는 것을 의미합니다. 마음이 있어도 간단히 결심하고 실행할 수 없는 일생일대의 중요한 일입니다. 한마디로 말하면 정주는 심리적 장벽이 높습니다.

앞서 소개한 조사에서 농어촌지역에 이주하고 싶다는 도시 주민은 20대 남성이 제일 높아서 43.8퍼센트로 나타났지만 실제로 이주할 예정이라고 응답한 사람은 1퍼센트에 불과했습니다. 20대 여성의 32.1퍼센트도 이주하고 싶다고 응답했지만 실제로 이주할 예정이라는 응답은 1.7퍼센트였습니다. 이 정도의 응답률도 다른 연령대보다는 상대적으로 높은 것이지만 그렇다 해도 고작 1퍼센트 정도인 것입니다. 이상과 현실 사이에는 큰 격차가 있다는 것이지요.

이외에도 이주 장벽을 높이는 요인은 더 있습니다. 바로 지역의 자세입니다. 이주자들에게 곧바로 다급하게 "언제까지 살 건가요?"라며 다그치는 상황이 왕왕 발생합니다. 방금 이사 온 사람이 그런 질문에 분명하고 솔직하게 답할 수 있을까요? 그리고 마음이 있다고 반드시 다짐과 약속을 해야만 하나요. 이런 식으로 나타나는 지역의 자세는 '거주하지 않으면 지역 일에 참여할 자격이 없다'는 메시지로 전해집니다. 제가 이주와 정주를 처음 고민했을 때와 마찬가지 상황인 것입니다.

그 결과 지역에 이주하고 싶거나 참여하고 싶어도 마음의 장벽이 높아져 '사는 사람이 아니라면 소통하기 어렵다'는 식이 되어버립니다. '바로 이주하여 정착하기까지 결심하는 것 자체도 너무 힘드니까 참여하지도 말자'는 식의 모 아니면 도와 같은 극단적인 상황이 되는 것입니다.

또한 지역에서 살 수 없다고 말하는 것 자체를 꺼리는 사람들도 있습니다. 그럴 필요가 없는데 말입니다. 어쨌거나 지역으로의 이주나 참여에 대한 다양한 선택지가 그 입구부터 막혀버리는 상황입니다. 지역에 사람이 부족하다, 와주었으면 좋겠다고 말하면서도 결국 배제하고 있는 것은 지역이 되어버리는 것입니다.

U·I턴과 지역부흥협력대 제도를 통해 지역에 이주한 사람이 안정적으로 정착하지 못하고 지역을 떠나버리는 사례도 적지 않습니다. 실제로 인터넷에는 지역부흥협력대 실패 사례도 공개되어 있습니다.

자신에게 맞는 지역을 찾으면 행운이지만 그렇지 못하면 또다시 살 곳과 직업을 바꾸어 다른 지역으로 이동해야 합니다. 이주자도 주민도 상처받아 서로 불행해집니다. 일반적으로는 '새로운 흐름을 형성하기 위해 노력하자!'는 구호 자체가 매우 실현되기 어려운 것이 현실입니다.

새로운 흐름을 만드는 방법 2: 교류와 관광

교류나 관광은 어떨까요? 교류는 도시 사람이 단기적으로 지역을 방문하여 지역을 이해하는 것입니다. 이주보다 실행하기 쉽고 장벽도 높지 않습니다. 그러나 한편으로 이벤트 교류 등은 주민의 무상 노동에 의존하는 모양새가 되어 '교류 피로 현상'이 나타나기도 합니다.

오다기리 교수는 교류 피로 현상을 '교류 초기에는 사업에 열심히 참여하지만 2~3년 후에는 도시 사람에게 머리 숙여 서비스하고 과연 지역에는 무엇이 남는 걸까라는 의문과 피로가 느는 현상'이라고 정의합니다.[*]

모리토 사토시(森戸哲)의 논문에 의하면 1980년대부터 확대되기 시작한 지자체의 도농 교류 방식은 1) 자매도시 제휴, 2) 전시회 교류, 3) 농산물 매매 교류, 4) 특별주민제도, 5) 농지 오너 제도, 6) 이벤트 교류, 7) 농업 체험 교류, 8) 요양시설 교류, 9) 도시 거점시설, 10) 시민 농원 교류, 11) 산촌 유학, 12) 리사이클 교류 등 12개 유형이 있습니다.[**]

모리토는 이런 교류의 대부분이 주민의 무상 노동에 의존해 진행되기 때문에 일부에서는 본업인 농업에 지장을 받았고, 상호보완적으로 이루어지고 부담도 동등해야 하는데 실제로는 서로 의존하는 상황이 발생하여 전체적으로는 농촌이 자금이나 노동을 더 부담하는 경우가 많다고 분석합니다.

또 다른 단기 체류 형태로는 관광[***]이 있습니다. 그러나 관광은

---

[*] 小田切徳美, 2014, 『農山村は消滅しない』, 岩波新書.
[**] 森戸哲, 2001, "都市と農村の共生を考える~交流活動の現場から~."(『農村計画学会誌』20권 3호, pp. 170-174)
[***] 관광이라는 말은 정의하기 매우 어렵다. 일본 관광청은 '여가, 레크리에이션, 업무 등 목적을 가리지 않는 일상 외 지역으로의 여행'을 관광이라고 정의한다.

소셜 활동을 지향하는 청년의 가치와는 거리가 먼 활동입니다. 소셜 활동을 지향하는 청년들은 단순히 관광지에 놀러가서 소비하는 일보다 지역 참여 활동·지역 지원 활동을 원하기 때문입니다. 관광 활동에는 지역과제에 대한 고민이나 해결 방법 모색 활동 등이 포함되어 있지 않습니다.

여러모로 교류나 관광을 통해 새로운 흐름과 구체적인 성과를 만들기는 어렵습니다. 오히려 어떤 면에서는 이주나 정주와 유사한 성격이라고도 볼 수 있습니다.

제3의 길을 향하여

앞서 말한 것처럼 이주, 정주, 교류, 관광 방식으로 지역의 새로운 흐름을 구체적으로 만들기 어렵습니다. 새로운 힘을 만들지도 못합니다. 왜 이렇게 된 것일까요? 그 이유 가운데 하나는 시대와 맞지 않는 방법이기 때문입니다. 많은 지자체들이 인구증가를 전제로 이주·정주정책에 몰두합니다. 그러나 지금은 인구감소시대입니다. 전체 인구수가 줄어드는데 지자체들이 장벽 높은 정주인구만 중시하는 인구 획득 경쟁을 이어가는 것은 한계가 있습니다.

물론 이주·정주정책과 이주·정주하러 오는 사람들을 부정적으로 생각할 마음은 조금도 없습니다. 다만 이주·정주만 유일한 답인 것처럼 여기며 선택지를 줄이는 것이 문제입니다. 따라서 이주·정주도, 교류·관광도 아닌, 지역과 도시 청년이 상생할 수 있는 제3의 길을 모색해야 합니다.

관계인구는 바로 이 지점에서 등장합니다. 관계인구는 그 지역에 살지 않아도 정기적으로 방문할 수 있고, 특산품을 구매하는 동료를 의미합니다. 이주·정주보다 장벽이 낮은 편이고 무엇보다 어느 지역에서도 관계인구를 늘릴 수 있기 때문에 제로섬 방식이 아니라서 좋습니다. 또한 도시 청년들이 바라는 '도움이 되고 싶다'는 마음에 부응할 수도 있는 효과적인 개념입니다.

제2장

관계인구란
무엇인가

정주·교류인구가 아닌 새로운 방식으로서 관계인구는 지역에 다양하게 참여하는 사람들이며 동료로 존재합니다. 그 의미를 좀 더 자세히 살펴보겠습니다. 우선 관계인구를 어떻게 정의해왔는지 알아보기 위해 인터넷에서 '관계인구'라는 키워드로 검색해보았습니다. (2017년을 기준으로) 몇 개의 기사가 있었고, 지자체에 '관계했던' 인재라는 정도의 표현은 있었지만 사전의 용어 정의나 위키피디아에서도 관계인구라는 항목을 찾지 못했습니다. 등장한 지 얼마 안 된 신조어이기 때문에 명확한 정의가 없습니다. 그렇다면 관계인구의 개념을 좀 더 상세히 소개한 자료가 있는지 찾아보겠습니다.

정주와 교류의 틈새를 공략하다

　최초로 관계인구라는 용어를 사용한 사람은《먹거리 통신》의 다카하시 편집장입니다.

　　많은 지자체가 인구감소를 막기 위해 애쓰지만 여전히 관광이나 정주 촉진만 신경 쓴다. 관광은 일회적이기 때문에 지역의 힘으로 축적되기에는 부족하고, 지역으로의 정주는 장벽이 높다. 나는 항상 그 틈새를 공략하라고 주장한다. 관광도 아니고 정주도 아닌 인구층이 지역을 정기적으로 방문할 수 있는 필요성을 확대하라는 것이다. 이는 교류인구와 정주인구 사이에 잠들어 있는 '관계인구'를 꺼내는 것이다. 전체 인구가 점점 줄어드는 현실에서 극적으로 정주인구를 늘리는 것은 너무 어렵다. 그러나 관계인구는 얼마든지 늘릴 수 있다. 내 주변의 많은 도시 주민들도 이주까지는 어렵지만 관계인구 정도의 라이프스타일은 받아들일 수 있다고 말한다. 관계인구야말로 현실적인 선택지인 것이다. 이렇게 관계가 형성되면 그 힘을 얼마나 지역에 반영할 수 있을까 하고 새로운 노력을 할 수 있는 가능성이 생긴다.[*]

　여기에서 핵심은 교류인구와 정주인구의 틈새를 공략하여 관계인

---

[*] 高橋博之, 2016,『都市と地方をかきまぜる』, 光文社.

구를 형성하는 전략입니다. 그리고 관계인구를 만들 수 있는 구체적인 연결 방법으로 정기적인 지역 방문을 제시합니다. 교류의 시간 축을 늘려 정기적으로 지역을 방문하면서 연결되고 지역에 도움이 되어야 한다는 것입니다.

좀 더 다양한 관계인구 연결 방법을 제시한 사람은 《소토코토》의 사시데 편집장입니다. 그는 저서에서 미래를 찾는 키워드로서 관계인구의 개념을 소개합니다.* 지금까지 정부의 관점은 주로 '이주자 증가=인구 증가, 관광객 방문=경제적 수익 창출'이 주류였는데, 그런 관점을 오로지 거주자를 늘리려는 정주인구 중심의 정책이며, 지역 밖으로부터의 여행과 단기 체류 방문자로서 교류인구만 늘리려는 제한적 시각이라고 비판합니다. 따라서 정주인구나 교류인구에 속하지 않는 관계인구를 지역의 미래를 제시할 수 있는 키워드라고 소개합니다.

관계인구가 정주인구와 교류인구의 사이에 있다고 보는 것은 사시데 편집장이나 다카하시 편집장이나 같은 입장입니다. 그런 관점으로 관계인구는 적극적으로 지역 주민과 소통하여 사회적 효과를 만든다는 것에서 단순 교류인구와 차이가 있다고 평가합니다.

사시데 편집장은 네 가지의 구체적인 사례를 제시합니다.

첫째, 지역의 셰어하우스에 살며 행정기관과 협력하여 마을 만들기 행사를 기획하고 운영하는 디렉터(director) 유형. 둘째, 도쿄에서

---

*指出一正, 2016, 『ぼくらは地方で幸せを見つける: ソトコト流ローカル再生論』, ポプラ社.

해당 지역을 홍보할 때 활동할 수 있는, 도시와 지역을 연결하는 허브(hub) 유형. 셋째, 도시에 살면서 지역에도 거점이 있는 더블 로컬(double local) 유형. 넷째, 무조건 그 지역이 좋다고 말하는 단순 소통 유형입니다.

이제 다양한 관계인구의 소통 유형에 대한 좀 더 구체적인 이미지가 떠오르는지요. 사람이 어떻게 활동하는가에 따라 소통 방법의 농도와 강도가 달라지는 것입니다. 또 다른 중요한 차이점은 관계지역은 한 곳에 머무르는 것이 아니라 여러 곳일 수 있다는 점입니다. 도시인의 관점에서 여러 곳의 지역을 선택할 수 있고, 지역 입장에서도 정주인구 뺏기 쟁탈전 없이 관계인구를 늘릴 수 있습니다.

저도 2017년에 발간한 책에서 관계인구의 개념을 소개했습니다.[*] 이 책의 해제에서 오다기리 도쿠미 교수는 관계인구를 '농촌에 다양한 관심을 갖고 참여하는 사람들'이라고 정의하며, 처음으로 관계인구를 그림으로 정리하여 제시했습니다. 오다기리 교수는 이 개념을 더욱 다듬어 「농촌관계인구의 가능성」이라는 논문도 발표하였는데 여기에서 그 내용을 소개하고 싶습니다.

오다기리 교수는 이주만 주목하는 현실에서 사람들의 농촌에 대한 관심은 1) 지역 특산품 구입 2) 지역에 기부 3) 반복 방문 4) 지역에서의 봉사활동 5) 유사 거주(일정 기간만 거주 혹은 두 지역에 모두 거주) 등 이주나 정주만으로 구분하기 어려운 소통 단계를 형성하고

---

[*] 田中輝美, 2017, 『よそ者とつくる新しい農山村』, 筑波書房.

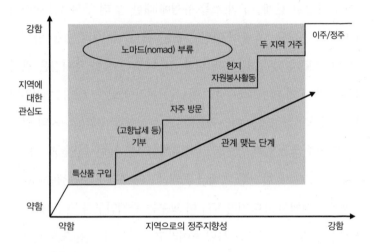

강함

지역에
대한
관심도

약함

노마드(nomad) 부류

이주/정주

두 지역 거주

현지
자원봉사활동

자주 방문

(고향납세 등)
기부

관계 맺는 단계

특산품 구입

약함   지역으로의 정주지향성   강함

: 관계인구

관계인구의 위치

＊출처: 일본농업신문(2017. 6. 4.)

있으며, 이런 현상은 무관심과 이주라는 이분법적이고 극단적인 구분이 아니라 정도의 차이를 기준으로 다양하게 구분할 수 있는 관계 활동이라고 말합니다.

이러한 다섯 가지 활동에 더 다양한 활동을 만들고 이주로 이어지게 하기 위해서는 관계인구의 소통에 머무는 단계를 반드시 극복하려고 애쓰기보다는 그 정도의 상황을 어느 정도 존중할 수 있는 상태를 유지하는 것이 중요하다고 강조합니다.

즉 반드시 이주하게 만들어서 정주인구를 늘리겠다는 단선적인 목표를 성급히 정할 필요는 없다는 것입니다. 이는 관계인구의 존재 방법으로서 정말 중요한 관점입니다. 앞서 소개한 것처럼 이주·정주만을 위해 과도하게 노력하는 지역의 자세야말로 이주·정주의 장벽을 높이고 이주자를 멀리하는 이유가 되었기 때문입니다.

관계인구는 이주나 정주에 대한 사람들의 심리적 장벽을 낮추고 사람들 사이의 관계망도 넓힐 수 있습니다. 그러다 보면 자연스럽게 오가는 과정에서 결과적으로 이주하거나 정주하는 사람도 나타날 가능성이 높아집니다.*

오다기리 교수가 위원장인 일본 총무성 위원회('앞으로부터의 이주·교류시책의 방법에 관한 검토회')가 발표한 중간보고서는 관계인구를 처음 공식적으로 언급했습니다. 이 보고서는 사람에게 도움이

---

*서강대 SSK 지역재생연구팀이 연구 과정에서 만난 춘천의 별빛산골교육센터 윤요왕 대표(2021년 7월 현재, 춘천시 마을자치지원센터장)는 도시의 학생들이 산골 유학을 오는 과정이 부모들과의 이주로 이어지는 사례가 늘고 있다고 밝힌 바 있다. (역주)

되고 싶다는 소셜한 가치를 중시하는 트렌드가 형성되고 있다고 전제하면서 장기적인 정주인구나 단기적인 교류인구가 아닌, 지역과 지역의 사람들과 다양하게 관계하는 관계인구의 필요성을 강조했습니다.

보고서는 또한 중요한 키워드의 하나로 '고향'을 강조합니다. 고향에 대한 지역 외 인재의 애향심과 지역을 다양하게 엮어서 관계인구를 만들고, 그 자원으로서 그들의 자금과 지혜, 노력을 활용하면 관계인구가 형성될 수 있다고 제시한 것입니다. 아울러 '반드시 이주가 아니더라도 특정 지역에 지속적으로 관심 갖는 계층을 만들도록 국가와 지자체가 적극적으로 검토하기 바란다'는 정책 제안까지 했습니다.

임팩트가 중요하다

지금까지의 논의를 근거로 관계인구의 개념을 좀 더 구체적으로 제시해보겠습니다. 이제까지 교류와 정주 중심의 사고방식은 지역에서의 체류 시간만을 강조했습니다. 주거는 체류 시간이 긴 것을 의미한다고 평가한 것입니다. 그렇게 되면 언제까지 살 예정이라고 확답하지 못하는 사람에게는 살지 않으면 참여할 자격도 없다는 태도로 대하게 됩니다.

그러나 관계인구의 개념을 적용하면 그런 시간 축 말고 다른 평가 축이 필요합니다. 체류 시간이 짧더라도 지역을 응원하고 참여하는 형태이기 때문에 사회적 영향(impact)이라는 축이 필요합니다. 얼마나 오래 머물 것인가가 아니라 지역에 어떤 사회적 가치나 영향을 미쳤는가를 평가하는 것입니다. 여기에서 사회적 영향이란 사람·물건·돈이라는 3요소에 아이디어를 더한 것입니다. 이런 요소들이 지역에 영향을 미쳐 지역의 힘이 된다는 가설입니다.

사회적 영향의 4요소

사람: 지역에 대한 애착 증가, 팬과 방문자 증가

물건: 지역 특산품의 인지도 증가, 판매량 증가

돈: 지역에 대한 투자 증가

아이디어: 지역에 새로운 지혜와 아이디어 제공

관계인구는 체류 시간에 관계없이 떨어져 있어도 지역의 팬이 될 수 있고, 지역 특산품을 구매할 수 있고, 투자할 수도 있고, 새로운 아이디어를 제공하는 이들로서 지역에 사회적 영향을 미치는 존재가 되는 것입니다.

관계안내소가 필요하다

사시데 편집장은 관계인구를 만들기 위해 '관계안내소'가 필요하다고 주장합니다. 관계안내소는 어디에서나 볼 수 있는 관광안내소가 아닙니다. 관계안내소는 새로운 정보를 얻을 수 있고 설렘을 느낄 수 있는 곳입니다.*

　지금까지 관광안내소에서는 유명한 명승지나 시설 등 관광 장소
만 안내했습니다. 그러나 관계안내소는 지역의 재미있는 사람과 그
사람과 만날 수 있는 매력적인 장소, 이런 곳들에 연결될 수 있는 다
양한 방법을 안내하며 관계인구 만들기를 지원하는 곳입니다. 사람
과 지역이 관계를 맺을 수 있도록 지원하는 것입니다.

　지금 일본에는 관계안내소라고 정식으로 불리지 않습니다만 서문
에서 소개한 바 있는 '시마코토 아카데미'가 그 역할을 하고 있습니
다. 이 아카데미는 시마네현이 도쿄에 거주하는 시마네현 출신자를
대상으로 시마네와 지역 만들기를 알리기 위해 개설한 강좌로서 6년
째 운영 중입니다.

　지금까지 총 6기 83명이 수강했고 그 가운데 18명이 시마네에 이
주하여 이주율이 29퍼센트나 됩니다. 수강생 모두가 처음부터 지역
에 큰 흥미가 있었고 의지가 높았던 것은 아니었지만 참여하고 배워
가면서 서서히 마음의 변화가 일어난 것입니다.

---

*指出一正, 2016,『ぼくらは地方で幸せを見つける: ソトコト流ローカル再生論』, ポプ
ラ社.

관계안내소

시마코토 아카데미

10가지 관계인구 유형

시마코토 아카데미 수료생들이 직접 말하는 사례를 중심으로 10가지의 관계인구 유형을 알아보겠습니다.

1) 실험 이주

나라현 요시노군 시모키타야마촌(奈良県 吉野郡 下北山村)에 빈집을 빌려 실험적으로 거주하고 있는 **기시 다카유키**(岸崇将, 36세, 프리랜서)

별도의 외부 지원을 받지 않았지만 시마코토 아카데미를 수료하고 나서 거주지인 도쿄에서 개최된 행사에 참여한 것을 계기로 지역에 거점을 만들고 싶다고 생각하게 되었다. 그러던 중 나라현, 시모키타야마촌 면사무소, 주민의 협력으로 이주하여 5월부터 8월까지

3개월 동안 시모키타야마촌에서 지냈다. 마을 생활을 체험하면서 주민들과 모내기와 등산 등을 하며 즐겁게 보냈다. 노마드(nomad)들을 위한 지자체의 지원이 활발해지면 좋겠다.

2) 두 지역(복수) 거주

오카모토 요시코(岡本佳子)

도쿄에서 일하던 중에 고향인 시마네현 하마다시의 80년 된 분위기 있는 옛집을 보고 한눈에 반해 임대를 결정했다. 도쿄와 하마다시를 오가면서 그 옛집을 개조하여 2층을 셰어하우스, 1층을 지역 기업에 임대하며 운영했다. 2년 동안 두 지역에 거주한 셈인데 지금은 하마다시로 U턴하였다.

3) 같은 지역에 반복 방문

요코하마시(横浜市) 출신이며 도쿄에서 근무하는 나카지마 리에(中島 梨惠, 39세, 디자이너)

마음에 드는 도자기 가마가 있는 시마네현 이즈모시(出雲市)의 슛사이가마(出西窯)를 보러갔던 것을 계기로 시마네의 팬이 되어 정보를 수집하며 계속 시마네를 방문한다.

지금은 디자인 재능을 살려 시마네의 천연 소재를 활용한 작업복 만들기를 시도하고 있다. 농부용 작업복을 만들면서 시마네의 농업에 대해 좀 더 자세히 알게 되었고, 내가 하는 작업이 시마네에 도움이 된다면 기쁠 것 같다.

4) 지역 행사 개최

시마네현 고쓰시(江津市)가 주최한 사업계획 공모전에 지원한 **이다 료코(飯田亮子)**

이 대회에서 심사위원특별상을 수상한 것을 계기로 원래 연고지인 고쓰시 혼쵸에서 이와미 빵축제를 개최했다. 원래 빵을 좋아했기 때문에 빵으로 마을을 지원하고 싶었다. "떨어져 있으면 보고 싶어서 참을 수 없는 시마네. 또 만날 날을 기다리고 있어요."

5) 원격 수강

시마네현 출신으로 지바현(千葉県)에서 3명의 가족과 함께 살고 있는 **소네 유카리(曽根由佳莉, 33세)**

도쿄에서 개최된 시마네현 U턴 설명회에도 참가했고, 도쿄에서 시마네에 연관된 일을 하고 싶다고 생각해왔다. 시마네대학에서 운영한 '고향 매력화 프론티어 양성코스'도 수강했다. 이 코스는 지역에서 교육 관련 활동을 할 사람들을 육성하는 코스로 시마네와 떨어져 살아도 온라인으로 배울 수 있다. 가족들의 일정을 고려하여 앞으로는 시마네에 이주하여 교육 관련 활동을 하고 싶다. 시마네를 너무너무 사랑한다.

6) 도쿄에서 지역 기업과 협업

사이타마현(埼玉県) 출신으로 오랫동안 도쿄에서 일하고 있는 **아오키 신지(青木慎二, 39세, 광고기획자)**

도쿄에 살고 있지만 아내의 친정인 시마네에 있는 기업으로부터 의뢰를 받아 기업 브랜딩을 지원하고 있다. 회의 참가를 위해 시마네에 방문할 기회가 많아지면서 새로운 친구도 사귀게 되었다. 소셜미디어를 보니 시마네 정보가 정말 많아졌고 지역도 열심히 노력하는 것 같다.

7) 지역 기업의 도쿄 지사에서 근무

시마네현 출신의 **스미다 도모코**(澄田知子, 35세, 회사원)

대학 진학을 위해 도쿄에 왔다. 정보지 제작사에서 영업 업무를 하고 있지만 꾸준히 이직 활동도 했었다. 2016년에 시마네에 본사가 있는 컨설팅 회사에 입사하여 그 회사의 도쿄 지사에 부임했다. 시마네뿐만 아니라 전국 각지와 일을 제휴하고 있다. 도쿄에서 사는 것은 변함없지만, 내가 흥미를 느끼는 지역과 관련된 일을 하고 있어서 즐겁다.

8) 먹거리로 도쿄와 지역을 연결

도쿄에서 미디어 관련 일을 하면서 아오모리현 히로마에시(青森県 弘前市) 등의 지역과 관련된 일을 하던 **야마오 노부카즈**(山尾信一, 41세)

생산자로부터 제철 특산품을 받아서 도쿄에서 맛보는 '첫 수확물!'이라는 모임을 정기적으로 개최하고 있다. 첫 모임에 시마네현 아마정의 바위굴 '춘향', 2회에는 나가사키현(長崎県)의 햇감자, 효고현(兵庫県) 아와지지마(淡路島)의 햇양파를 소개했다. 현지에 살지 않아도 지역에서 노력하는 현지인들과 도쿄 주민을 연결하는 역할을 할 수 있다고 느끼게 되었다.

9) 도쿄에서 지역을 위한 행사 개최

시마네 출신으로 도쿄에서 생활하는 **와다 사라사**(和田更沙, 33세, 회사원)와 **구스다 히로키**(楠田弘毅, 28세, 회사원)

도쿄에서 자신의 고향에 대해 배우고 생각할 수 있는 라디오 방송과 이벤트 '고향과 안테나'를 정기적으로 진행하고 있다. 도쿄와 가나가와(神奈川)에서 두 지역 거주를 시도하는 사람을 취재하여 방송한 적도 있다. 우리는 시마네 출신인데 다른 동료들은 후쿠이현(福井県), 이와테현(岩手県), 도야마현(富山県) 출신이다. 고향에 대한 관심을 이어가며, 고향을 위한 노력을 계속할 예정이다.

10) 여행과 이주 사이를 생각하는 연구회 만들기

도쿄대학 **아베 코지**(安部晃司, 21세, 학생)

전국 각지에서 인턴십을 했다. 주변 친구들과 이야기하다 보니 자기가 좋아하는 지역에 이주까지 하긴 어렵지만 그래도 단순한 여행보다는 좀 더 깊게 참여하고 싶다는 의견이 많았다. 이 연구회를 2016년부터 운영하면서 도쿄에서 정기적으로 행사를 개최하기도 하고 지역과 연결할 수 있는 다양한 방법을 논의하고 있다. 언젠가는 나도 지역에 가고 싶다.

세 명의 핵심 인물

10개의 관계 유형을 보니 관계인구에 대해 좀 더 이해하기 쉬우신가요? 관계인구 형성의 모티브가 된 시마코토 아카데미는 시마네에서 800킬로미터 떨어진 도쿄에서 운영하는 프로그램입니다. 프로그램의 부제는 '소셜 인재 육성 강좌'입니다. 15명 정도의 소수만 수강생으로 받는 방식으로 2012년부터 매년 개설합니다. 2017년에는 6기 수강생 모집을 시작하였으며, 2015년부터는 도쿄뿐만 아니라 오사카에서도 운영하고 있습니다.

2016년까지 전체 5기를 마친 수료생을 대상으로 설문조사를 했습니다. 총 수료생의 82.5퍼센트가 응답하였는데, 지금 시마네 관련 일을 하고 있다는 사람이 무려 58.8퍼센트나 되었습니다. 수도권에서 시마네 관련 활동을 한다는 사람이 33.3퍼센트였고, 직접 시마네에 이주하여 활동하고 있다는 사람이 25.5퍼센트였는데, 이 가운데 시마네에서 떨어져 있어도 활동하고 있다고 응답한 33.3퍼센트가 바로 관계인구입니다.

이런 효과를 낳게 된 시마코토 아카데미를 구상하고 운영하는 핵심 인물을 소개하겠습니다. 첫 번째 인물은 앞서 계속 소개한 바 있는 《소토코토》의 사시데 편집장입니다. 사시데 편집장은 아카데미 1기부터 강사로도 활동하고 있습니다. 전체 강좌의 반 이상에 참여하면서 시마네와 수강생들을 연결하기 위해 노력합니다.

두 번째 인물은 모든 수강생을 밀착하여 지원하는 멘토 역할을 하는 미우라 히로키(三浦大紀) 대표입니다. 미우라 대표는 시마네현 하마다시에 있는 시마네 프로모션의 대표입니다.

세 번째 인물은 시즈종합정책연구소(http://www.csri.jp)의 후지와라 게이(藤原啓) 사장입니다. 이 연구소는 마쓰에시에 본사가 있고 도쿄에도 사무실이 있는데, 시마네현으로부터 사업을 위탁받아 기획·운영합니다.

시마코토 아카데미는 매년 6월에 수강생 모집을 시작하는데 사전에 무료 설명회를 2회 정도 개최합니다. 모집 완료 후에는 심사를 거쳐 15명의 수강생을 선발합니다. 8월부터 다음해 1월까지 총 7회 강좌를 열며 주말 오후에 3시간 정도 진행합니다. 거의 매월 1회 정도를 개최하는데 6개월 정도 지나면 심화 내용으로 진행합니다.

초반의 3회 정도는 기초 강의와 그룹워크(group work)를 하고 그후 2회 동안 시마네에서 인턴십을 체험하며 자신의 활동계획서를 작성하여 다음해 1월에 발표합니다. 총 7회 수강료는 4만 엔입니다(한화 42만 원 정도).

3단계 프로그램

그러면 2016년도 5기 강좌의 사례를 보면서 세부 내용을 좀 더 알아보겠습니다. 강좌는 1) 알기, 배우기 2) 체험하기 3) 자신의 일로 만들기, 자신의 계획으로 정리하기의 총 3단계로 구성합니다.

1) 1단계 : 알기, 배우기(총 3회)

2016년 첫 강좌는 8월 27일에 '시마네의 소셜한 활동 이해하기'라는 제목으로 진행했습니다. 사시데 편집장, 미우라 멘토, 후지와라 사장 등 3명의 핵심 인물과 시마네현 담당자도 참여했습니다.

시마코토 아카데미 전체 진행 일정

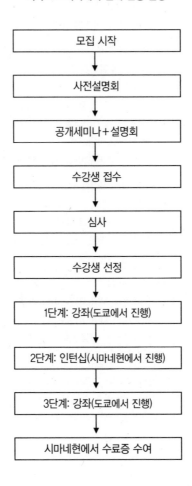

제3장 ㅣ 관계안내소 시마코토 아카데미

61

시마코토 아카데미 강좌의 회차별 진행 내용(2016년)

회차	일시	내용
제1회	8/27(토) 14:00–17:30	• 주제: 시마네의 소셜한 활동 이해하기 • 강사: 사시데 가즈마사, 미우라 히로키 • 오리엔테이션 • 강의 1: 시마네의 지역과제와 활동 알기(시마네현 사무국) • 강의 2: 시마네에서 생각할 수 있는 소셜한 활동(사시데 가즈마사) • 그룹워크: 시마네의 과제와 나의 연결을 생각해보다 • 간담회(희망자)
제2회	9/3(토) 14:00–17:30	• 주제: 과제 발견을 위한 실마리를 찾다 (1) • 강사: 미우라 히로키, 노부오카 료스케(信岡良亮), 동부 지역 코디네이터, 서부 지역 코디네이터 • 강의 1: 작은 시마네를 발견하다(지역 순례) • 인턴십 프리젠테이션 • 그룹워크: 인턴십의 미래에 대하여
제3회	9/25(일) 14:00–17:30	• 주제: 과제 발견을 위한 실마리를 찾다 (2) • 강사: 미우라 히로키, 노부오카 료스케, 동부 지역 코디네이터, 서부 지역 코디네이터 • 강의 1: 시마코토 토크(인턴십으로 찾고 싶은 것) • 그룹워크: 인턴십을 위한 준비를 하자
제4회	10/8(토)– 10/10(월, 공휴일)	• 단기 인턴십 • 강사: 동부 지역 코디네이터, 서부 지역 코디네이터, 오키 지역 코디네이터 • 2박 3일 동안 선택 지역에 참여
제5회	11/6(일) 14:00–17:30	• 인턴십 체험 공유 • 강사: 사시데 가즈마사, 미우라 히로키 • 인턴 체험 발표: 필드투어 내용 공유 • 프리토크: 체험 성과를 기반으로 활동계획서 구상 및 작성

회차	일시	내용
제6회	12/3(토) 14:00–17:30	• 활동계획서 업그레이드 • 강사: 미우라 히로키, 구리야마 지히로(栗山千尋) • 시마코토 토크: 각자 구상한 지역재생 방법 • 그룹워크: 의견을 수렴하여 활동계획서 업그레이드
제7회	1/28(토) 14:00–17:30	• 활동계획서 발표회 • 강사: 사시데 가즈마사, 미우라 히로키, 노부오카 료스케 • 활동계획서 발표 • 강사와 멘토의 조언과 평가

　우선 1차 강좌에서는 시마네현 담당자가 지역을 소개합니다. 현의 총인구가 2016년 7월 기준으로 69만 425명으로 70만 명을 넘지 않으며 1년 전에 비해 4,549명이 감소하고 있다고 소개하였습니다. 69만 명이라는 인구는 전국의 현을 기준으로 두 번째로 적은 규모입니다(시마네현 옆의 돗토리현이 57만 명으로 전국 최하위입니다). 현 내에는 소멸 예정 지자체가 80퍼센트 이상이 있는 등 심각한 문제에 직면해 있다고 말했습니다. 멋진 현이라고 홍보하면서도 과제가 많다고 강조하는 것을 의아하게 생각할 수도 있을 것 같습니다.

　이어서 그룹워크를 진행합니다. 그룹워크의 목표는 '나와 시마네의 연결 방식을 발견하다'입니다. 사시데 편집장, 미우라 대표, 후지와라 사장 등 3명의 멘토가 촉진자(facilitator)가 되어 총 수강생 11명을 3개의 그룹으로 나누어 담당합니다. 종이를 펼쳐놓고 자신의 강점, 약점, 시마네의 가능성, 시마네의 과제라는 4개의 칸을 포스트잇을 붙이며 채워갑니다.

모두들 이런 작업은 낯설기 때문에 논의를 잘 진행할 수 있을지 걱정했지만 '장소를 만들거나 물건을 만들고 싶다', '재미있는 것이 별로 없으니 내가 재미있는 것을 만들고 싶다', '자연과 사람의 장점도 느껴진다', '지역을 좋아하는 사람들이 많은 것 같다', '지역에 문제가 있다는 것도 할 일이 있다는 것을 의미하니 마음에 든다'는 등 다양한 의견이 활발하게 제시되었습니다. 지역과제로서 고령화 요양, 노노 돌봄(老老 介護, 노인이 노인을 돌봄) 등의 의견도 나왔습니다.

사시데 편집장은 "여러분이 좋아해줘서 기쁩니다. 이 가운데 시마네에서 실행할 수 있는 아이디어도 있습니다. 시마코토 아카데미에 참여하여 내 꿈을 실현하고, 미래를 만들고 즐기길 바랍니다. 단기 수익에 집착하기보다는 미래를 향해 즐거운 프로젝트를 만들어갑시다"라고 말했습니다.

이어서 2차 강좌의 과제를 부여하였습니다. 해결하고 싶은 지역과제와 자신의 강점, 인턴십을 하고 싶은 지역에서 배우고 싶은 것, 목표, 비전 등을 작성해오는 것입니다.

2차와 3차 강좌의 주제는 '과제 발견을 위한 실마리를 찾다'입니다. 동시에 그룹토크도 진행하면서 인턴십 희망 지역을 선정합니다.

시마네현은 크게 나누면 동부, 서부, 이도(離島)의 오키(隱岐) 지역 3곳으로 나눌 수 있는데 지역마다 특색과 일이 다르기 때문에 세 곳 가운데 자신이 가고 싶은 지역을 선택합니다. 미우라 멘토와 충분히 상담하면서 자신의 관심사에 맞는 지역과 방문지를 정합니다.

2) 2단계 : 체험하기

4차 강좌는 실제로 시마네를 방문하여 체험하는 인턴십 프로그램입니다. 시마코토 아카데미 프로그램 가운데 가장 비중 높은 프로그램으로서 많은 수강생의 경험이 극적으로 전환되는 계기가 되기도 합니다. 지역 주민이나 다른 인턴들과 함께 지역에 머물면서 친분을 쌓기도 합니다. 진행 기간은 10월 8일부터 10일까지 2박 3일 일정입니다.

동부 지역 인턴십 일정

일정	프로그램	목표
1일차 10/7(토)	• 오전: 시마네의 각 지역으로 이동 • 중식: 각자 해결 • 오후: 오리엔테이션 • 저녁: 지역 주민과 교류 • 취침	• 지역 코디네이터가 오리엔테이션을 진행하고, 활동 시간 동안 동행 • 시마네의 지역과제를 구상 • 다음 날 활동의 핵심 내용 정리 • 다음 날 활동 체험을 안내할 지역 주민과 만남
2일차 10/8(일)	• 오전: 각자 관심사별로 활동 • 중식: 각자 해결 • 저녁: 만찬 • 취침	• 사회 공헌 활동 주제와 지역의 필요 사이의 공통점과 차이점 발견 • 체험 내용은 본인의 희망을 중심으로 진행하되 멘토나 코디네이터, 사무국 등과 의논하여 조정
3일차 10/9(월)	• 오전: 현지 워크숍. 체험 성과 정리 • 중식: 각자 해결 • 오후: 종료 • 이동/해산	• 활동 체험을 통해 느낀 점과 아이디어를 코디네이터의 지도를 받아 정리

＊악천후에는 일정을 11월로 연기하고 방문 지역을 재조정함.

동부 지역을 선택한 2명의 수강생이 선택한 키워드는 커뮤니티와 빈집 활용 그리고 농업이었습니다. 1일차에는 이제까지 지역에 없던 커뮤니티 공간을 새로 만든 지역 여성 창업자의 민가에서 숙박했습니다. 2일차에는 지역 특산품인 들기름 제조 현장과 목장을 견학하는 한편 농업의 6차산업화*에 주력하는 기업을 방문하고 화로가 있는 집에서 숙박했습니다. 3일차에는 지역 만들기 인재를 육성하는 NPO법인 옷치라보(おっちラボ)에서 시마코토 아카데미 프로그램을 수강하며 U턴한 선배와의 대화 시간도 가졌습니다.

중간에 동부 지역의 운난(雲南), 오쿠이즈모(奧出雲) 지역에서 활동하는 14명의 창업자와 시마코토 아카데미 수료생들과도 만나는 등 정말 많은 일정이 있었습니다. 시마네 주민들조차 최일선에서 활약하고 있는 활동가를 이렇게 많이 만날 수 있는 기회는 좀처럼 없기도 합니다. 인턴 중 1명은 "단순한 관광에서는 건물밖에 보이지 않았는데 실제로 사람을 만나 그 사람의 매력을 느끼게 된 것이 최대의 수확"이라고 감격해하기도 했습니다.

3) 3단계: 아이디어를 계획으로 정리하기

5차와 6차 강좌는 최종적으로 진행되는 7차 강좌의 발표를 위한 준비 단계입니다. 5차 강좌에서는 인턴십 활동 결과를 보고하고 공유합니다. 6차 강좌에서는 각자의 활동계획서를 발표하기 위한 준

---

*농업 부문에서는 제품 생산(1차산업화), 판매(2차산업화), 유통(3차산업화) 단계를 모두 합쳐서 6차산업화라고 부른다. (역주)

인구의 진화

비를 합니다. 이 단계에서 4~5명이 그룹을 지어 활동계획서 초안을 공유하고 미우라 멘토가 그룹을 돌며 개별적으로 조언합니다.

최종 7차 강좌에서 활동계획서를 발표합니다. 2017년 1월 28일 토요일 오후, 도쿄 교바시의 이토키도쿄 이노베이션센터에서 발표회를 진행했습니다. 지금까지 6개월 동안 (중도에 탈락한 2명을 제외한) 총 13명의 수강생들이 강좌에서 배우고 실제로 지역을 방문하면서 구상해온 자신들의 활동 계획을 발표했습니다. 수료생과 관계자도 포함하여 30여 명이 모였습니다.

이날 발표한 내용은 다음과 같습니다. 가족과 오랜 기간 준비하여 시마네로 U턴하겠다, 도쿄에 있으면서 시마네 주민과 소통하겠다. 시마네에 I턴하여 인구 500명의 작은 섬에서 서점을 열겠다는 발표 등이 있었습니다. 활동 계획 치고는 너무 허술하지 않을까, 실제로 계획을 구현할 수 있는 자금은 있을까 하는 의구심이 들 수도 있습니다.

앞서 시마코토 아카데미 목적에 대해서도 썼지만 자신만의 소통방법을 발견하는 것이 가장 중요합니다. 10개의 관계인구 유형 중 사례3에 소개했던 나카지마는 시마네에 I턴하여 마음이 풍요로워지는 농부용 작업복 만들기를 하겠다고 발표하기도 했고, 사례8에 소개한 야마오는 제철 첫 수확물을 생산자로부터 받아서 도쿄에서 맛보는 '첫 수확물!' 프로젝트를 진행하겠다고 발표했습니다.

그 외에도 이미 U턴했다는 남성은 대리 발표를 통해 "시마코토 아카데미에 참가하기 전에는 고향이라면 일 년에 한 번 설에 가족과 함께 보내는 곳이라고만 생각했다. 그러나 이제 '시마네를 리믹스 (REMIX)하자'라는 주제로 시마네 주민들이 자신들을 위해 무가지나 라디오, 게스트하우스를 만들자"라고 제안했습니다.

만약 이런 발표가 사업계획 발표회였다면 사업계획이나 자금계획도 없으니 실격이겠지만 다르게 생각해보면 이런 식의 계획이 계속 쌓이는 곳이 시마코토 아카데미인 것이고 그 과정에서 관계인구가 형성되는 것입니다.

이주하지 않아도 괜찮아요

발표회의 마지막 순서에 주최자 대표로 시마네현청 시마네 살기 추진과(推進課)의 니시나 신지로(仁科慎治郎) 과장이 발표했습니다.

> 앞으로도 시마네 팬이 되어 계속 이어가 주길 바랍니다. 이주하
> 지 않아도 시마네에 대해 배우고 싶고 관여하고 싶다는 마음을
> 계속 실천해주기를 부탁드립니다.

이주하지 않아도 좋으니 관계인구로서 계속 관심을 가져달라고 당부한 것입니다. 보통은 행정기관이 주최한 프로그램이니까 이주나 정주를 권할 것이라고 생각했겠지만 그렇게 말하지 않은 것입니다. 즉 이 강좌는 이주와 정주를 위한 강좌가 아니니까요.

제**4**장

기획·편집자의
역할,
방향성 디자인

사시데 편집장을 처음 만난 것은 2012년이었습니다. 취재를 하기 위해서였는데, 40대 후반으로는 보이지 않는 긴 생머리에 누가 보아도 도시의 세련된 출판업 종사자로 보여서 이야기를 잘 풀어나갈 수 있을지 걱정되기까지 했습니다. 인기 있는 잡지의 바쁜 편집장인 사시데가 왜 시마코토 아카데미를 열고 강사까지 하게 되었을까요?

일본 제일의 덕후를 만나다

사시데 편집장은 일본 제일의 낚시광입니다. 1990년대에 인기였던 일본 제일의 덕후를 뽑는 퀴즈 프로그램 〈컬트(cult) Q〉(후지TV)에서 루어낚시 분야의 덕후로서 우승하여 컬트 왕이 된 이력도 있습니다. 이 일을 계기로 사시데 편집장은 잡지업계에 들어오게 됩니다.

1969년 군마현 다카자카시(群馬県 高崎市) 출생인 사시데 편집장은 할아버지가 새를 많이 키우는 등 풍요로운 자연환경 속에서 어린 시절을 보냈습니다. 어릴 때부터 낚시에 빠져서 밤새워 낚시를 하고, 낚시 도구 상품 안내서의 상품 번호까지 외울 정도였고, 첫차를 타고 도쿄에 가서 낚시 도구를 사 오곤 했습니다.

대학 시절에는 아웃도어 잡지사에서 아르바이트도 하고 모래 나르기, 텐트 설치 등 중노동은 물론 갑자기 공동기사를 쓰라고 해서 가본 적도 없는 곳의 기사를 상상으로 쓰는 등 여러 가지 일을 했습니다. 그러던 중에 주변에서 〈컬트 Q〉에 나가보라고 해서 우연히 나갔다가 우승을 하게 되면서 편집부에서 인정을 받아 정식 입사를 했습니다. 별다른 구직 활동 없이 잡지업계에 들어간 것입니다.

그 후 낚시전문 잡지 《로드 앤 릴(Rod and Reel)》의 편집장을 거쳐 현재의 키라쿠샤(木樂舍) 출판사로 옮겼습니다. 낚시를 좋아했기 때문에 낚시의 배경이기도 한 환경문제에 관심을 갖게 된 것이 계기였습니다.

키라쿠샤 출판사는 1999년에 환경을 테마로 한 세계 최초의 잡지 《소토코토》를 창간했습니다.

소토코토(SOTOKOTO)는 아프리카 반투족의 말로 '나무 아래'를 의미합니다. 마음 편히 나무 그늘 아래에 모여 이야기를 나누며 생활하는 아프리카인들, 나무가 주는 안락함, 싱그러운 생명력,

산들거리는 바람, 지저귀는 새, 지구와 생명이 인간에게 놀라운 지혜를 전해 줍니다. 소토코토라는 또 하나의 나무 그늘에서 지구환경과 우리의 삶에 대해 의논하고 미래에 전해줄 좋은 지혜를 만들어 유쾌하게 전달하고 싶습니다. (https://sotokoto-online.jp)

'도쿄의 피리 부는 사나이'라는 특집의 《소토코토》 재창간호에서는 쓰레기 대국 일본의 상징이기도 한 도쿄의 쓰레기 문제를 철저히 조사하여 분석하였고, 2호에서는 환경 선진국 독일의 수도 베를린을 특집으로 다루며 '물과 공기를 더럽히지 않는 나라'로서 북유럽의 풍력 발전과 최신 재생 정보를 소개했으며, 3호에서는 '어른의 수학여행'을 특집으로 나라(奈良) 지역을 다면적으로 소개하였고 이후에도 먹거리, 에코주택, 에코투어리즘, 에코패션 등 시대를 앞서가는 새로운 라이프스타일을 소개하였습니다.

특히 해외 취재에서 발견한 '슬로우 라이프(slow life)'를 최초로 주창한 잡지가 되었고 2005년에는 '로하스(LOHAS)' 개념을 소개하며 인기를 끌기도 했습니다. 2007년 10월 100호 기념호부터는 이산화탄소 배출권 부록 정기구독 프로그램을 시작하여 세계 최초의 탄소 없는 잡지가 되었습니다.

지역과는 인연이 멀었던 삶을 살아왔던 사시데 편집장이 지역에 관심을 갖게 된 것은 《소토코토》의 부편집장을 맡고 있던 2008년에 NPO법인 ETIC이 주최하는 '지역 청년 챌린지 공모전'의 심사위원을 맡게 되면서부터입니다.

기본적으로 일을 거절하지 않는 성격이어서 받아들이긴 했지만 처음엔 그다지 흥미가 없었습니다. 단지 아웃도어 활동을 좋아해서 지역에 가는 것이기 때문에 땅이나 강과 같은 자연의 일은 알고 있지만 사람과 만날 기회는 없어서 지역 주민이 무엇을 원하는가에 대해서는 깊게 생각해볼 기회가 없었던 까닭입니다.

그런 사시데 편집장이 심사위원을 하면서 지역을 응원하는 청년들의 모습을 보게 된 것입니다. 지역에서는 사람 수가 줄어든다는 소리도 들렸지만, 한편에서는 청년들이 도쿄를 목표로 하지 않고 지역에서 생활하기를 바라는 것을 보고 시대 변화의 조짐을 느낀 것입니다. 그즈음에 2008년 글로벌 경제위기가 발생하여 채용이 줄어들고 고용 상황이 급변했습니다.

지역 청년 챌린지 공모전에서 대상을 받은 아베 히로시(阿部裕志)는 시마네현 아마정으로 I턴하여 '순환의 고리(巡の環)'라는 기업을 만들었고, 인구 약 1,500명의 오카야마현 니시아와쿠라촌(岡山県西粟倉村)에서 임업의 6차산업화를 위해 노력하는 마키 다이스케(牧大介)는 선진적인 지역 만들기로 알려진 츄고쿠 지역 주민과도 접하였습니다.

그들을 보면서 사시데 편집장은 지금까지 낚시하면서 보던 곤들매기와 붕어만 있는 지역에서 재미있는 사람들의 활동이 전개되고 있음을 느꼈습니다.

다 함께 지역에 흥미를 느낀다

편집자로서 새로운 시대 변화를 알리고 이제까지 유행하던 로하스 개념을 대체할 수 있는 새로운 가치관을 찾고 싶었던 사시데 편집장은 도쿠시마현 가미카쓰정(德島県 上勝町)의 핵심 인물인 요코이시 도모지(横石知二)를 만나게 됩니다.

가미카쓰정은 주민의 과반수가 65세 이상의 고령자인데 그 고령자들이 산에서 주워온 나뭇잎을 요리 장식으로 판매하면서 연 2억 6,000만 엔의 매출을 올리는 '나뭇잎 비즈니스'를 성공시켰습니다.

요코이시는 그 주역인 주식회사 이로도리의 사장입니다. 사시데 편집장이 요코이시 사장에게 지역에 이주하는 것은 장벽이 높지 않느냐고 물어봤는데 요코이시 사장은 "아니요. 간단해요. 재미있고 즐겁습니다"라고 명쾌하게 대답했습니다.

《소토코토》는 '뉴질랜드 이주계획' 특집이 호평을 받은 일도 있고 해서 2010년 12월호에 과감히 국내 이주를 특집으로 하는 '일본열도 이주계획'을 발간하면서 일본 내의 '감동 있는 장소' 60개 지역을 소개했습니다. 그 기사를 작성하면서 가미카쓰정 외에도 실제로 지역을 부흥시켜 인기를 끈 지역이 많다는 것을 알게 되었습니다.

그 호는 발행 부수의 70~80퍼센트가 팔렸고 청년 독자로부터의 호응도 매우 높았습니다. 그 과정에서 사시데 편집장은 지역에 대한 높은 관심이 형성되고 있고, 단지 가격 우위나 풍부한 자연에 대한 관심에 그치는 것이 아닌 관계성을 추구하는 계층도 늘고 있다고 느졌습니다.

돌아보면 (지금 50대인) 사시데 편집장은 일본 경제가 버블로 넘쳐나던 시대의 후기에 청년이었고 무엇이든 가능하다는 성취감도 경험한 세대입니다. 무엇이든 바로 돈이 되고 유행이 되고, 문화도 사람도 최첨단으로 자극적인 도쿄라는 대도시로 청년들이 몰려들던 시대를 경험한 세대입니다.

그러나 지금 시대의 청년은 버블 경제라는 존재 자체도 알지 못하고 과거 세대가 느낀 충분한 성취감도 체험하지 못했을 뿐만 아니라 혹독한 경쟁 속에 살고 있습니다. 그러다 보니 재미있는 사회를 찾아 대도시 외의 지역으로 눈을 돌리게 된 것입니다. 감각과 지성을 겸비한 청년들이 이주하면서 지역이 북적거리게 되었습니다. 지역이라는 무대에 선 배우가 바뀐 것입니다.

로하스에서 소셜로 전환

2011년 3월 동일본대지진이 발생했습니다. 도쿄에서는 정전으로 거리의 가로등이 꺼졌습니다. 마침 그해 6월에 사시데는 편집장이 되었습니다. 동일본대지진을 수습하기 위해 우수한 인재들이 프로보노 활동을 하기 위해 도호쿠(東北)로 갔습니다. 평소에는 별로 갈일도 없던 도호쿠라는 지역과 도쿄의 청년들이 만난 것입니다.

그 속에서 영향력 있는 인플루언서(influencer)들은 지역을 알게 되었고 지역이 흥미롭다는 메시지를 퍼뜨려 결과적으로 청년들이 더

욱 지역에 관심을 갖게 되었다고 사시데 편집장은 판단하게 되었습니다. 예전부터 진행해온 환경과 로하스 관련 특집은 주로 물건의 가치에 집중하는 경향이 있었지만 이제는 '일본열도 이주계획' 특집에서 나타난 것처럼 관계성이 필요한 시대가 되었다고 생각하게 된 것입니다.

이는 로하스라는 말로 표현할 수 있는 현상이 아니다.

개인의 행복뿐만 아니라 이타적으로 사회의 행복을 생각하는 식의 가치관을 제시해야 한다.

실제로 그렇게 표현할 수밖에 없는 멋진 세대가 태어나고 있다.

이런 생각으로 로하스에서 소설로 전격적으로 가치를 전환하게 됩니다. 핵심은 '소설'이었습니다. 사회와 지역, 환경을 보다 좋게 만들자는 행동과 방식을 광범위한 의미의 소설이라고 정의한 것입니다.

환경보다 사회에 주목하며 2008년부터 3년 동안 지역 현장의 사람들을 만났습니다. 그 과정에서 사시데 편집장이 무엇보다 공감한 것은 '발전도상감'*이었습니다. 이미 확립되어 있는 것이 아니라 도전한다는 것입니다. 공모전의 심사위원을 경험하면서 구체적인 인물상도 떠오르게 되었습니다.

1년 동안 준비하여 2012년 5월호를 소설과 에코 잡지로 전격적으

＊도전하며 발전하고 있는 느낌. (역주)

로 전환했습니다. 이때 발행한 1호의 테마는 '소셜한 사람 키우기'로서 소셜이라는 가치관을 전면에 내걸었습니다. 결코 간단한 일이 아니었고 과연 새로운 독자층이 형성될 수 있을지도 미지수였습니다. 구독률은 30퍼센트 정도로 매우 낮았습니다. 영업부와 광고부에서는 비난이 빗발쳤습니다. 뭘 하려는 건지 모르겠다고 연일 공격했습니다.

잡지는 잔혹한 상품이라고도 말합니다. 당시에는 아직 새로운 독자층과 거리감이 있었는지도 모르겠습니다. 거리감을 줄여야 한다고 고민하던 사시데 편집장에게 시마네 사업에 대한 제안이 들어왔습니다.

구세주 정도는 아니었다

사업 제안을 해온 사람은 시마네 시즈종합정책연구소의 후지와라 사장이었습니다. 《소토코토》를 발행하는 키라쿠샤 출판사는 시즈와 오래전부터 교류가 있었으니 시즈가 이번에 추진하는 새로운 사업을 《소토코토》가 함께하자는 제안이었습니다.

사시데 편집장은 새로운 독자와 거리감을 줄일 수 있는 기회이니 꼭 함께하고 싶다고 답했습니다. 사원들의 반대 때문에 궁지에 몰렸던 사시데 편집장으로서는 분위기를 전환시킬 수 있는 좋은 제안이었지만 구세주 정도의 의미는 아니었습니다.

당시에는 도호쿠나 홋카이도 지역에 다니는 일이 많아서 시마네 지역에 대해 잘 알지 못했고 시즈라는 회사에 대해서도 잘 알지 못했기 때문에 수익을 확신할 수 없었습니다. 그럼에도 해보자고 한 것입니다. 사시데 편집장은 배우는 것을 좋아하는 성격이라서 무엇이든 거절은 안 하는 편이라고 스스로 말합니다.

개인적인 특성 외에 또 다른 이유는 시마네라는 지역이었습니다. 그 지역을 잘 알진 못했지만 과소화, 고령화, 인구감소 등의 과제가 많이 있는데도 불구하고 지역 만들기를 위해 노력하고 있는 우수한 지역이라는 것 정도는 알고 있었습니다. 무엇을 해야 할지 분명한 감은 없었지만 일본 전국의 청년들이 참여할 수 있다면 좋겠다는 생각이 직감적으로 들었습니다.

아울러 후지와라 사장의 단도직입적이면서도 정중한 태도에서도 좋은 인상을 받았습니다. 사장의 설명을 들어보니 시즈는 지역 만들기 사업을 주로 진행해왔다고 해서 그 부분에도 매력을 느꼈습니다.

제안 사업이 인재 육성 강좌라는 점도 마음에 들었습니다. 사시데 편집장은 교사와 같은 역할을 하면 되는 것이었습니다. 마침 2년 전에 《소토코토》 편집장의 에코 인맥 강좌를 개설했을 때 생각보다 많은 사람이 왔던 경험도 했었기 때문에 '인재 육성 강좌라는 것도 그런 느낌인가. 사회인을 모아 교사 역할을 하는 것도 재미는 있겠다'고 생각했습니다.

그러나 여전히 시마네 지역에 대해서는 너무 아는 것이 없었습니다. 믿고 맡겼으니 그 신뢰에 부응해야 한다는 고민으로 당시에는 시마네에 대한 정보를 필사적으로 인터넷에서 검색했다고 합니다.

시대 분위기를 전달하다

시마코토 아카데미에 참여한 사시데 편집장의 역할은 전국 각지에 정보를 제공하면서 분위기를 만드는 것이었습니다.

시마코토 아카데미는 시마네가 아닌 다른 지역의 일도 소개합니다. 예를 들어 자주 인구에 회자되는 사례는 야마가타현 아사히정 (山形県 朝日町)에서 '복숭아색 토끼'라는 핑크색 토끼 캐릭터를 만들어 활동하는 사토 고헤이(佐藤恒平)라는 로컬 히어로입니다. 사시데 편집장은 ETIC의 지역 만들기 공모전에서 사토를 만난 후《소토코토》에서 취재하기도 했습니다.

사토는 시마네와 직접 관계는 없는 인물이었지만 그래도 시마네를 재미있게 만들고 싶어하는 수강생들에게는 그 사람의 존재와 활동이 참고할 수 있는 중요한 정보가 됩니다. 알게 되는 것만으로도 힘이 생기는 것입니다. 이런 정보를 전국에서 수집하며 사람들과 만나는 것은 사시데 편집장 같은 사람만이 할 수 있는 일입니다. 시대의 분위기를 공유하도록 지원하는 역할이라고 할 수 있겠지요.

시마코토 아카데미를 주최하는 시마네현 시마네 살기 추진과의 담당자도 이렇게 구성하는 것도 좋다고 말했습니다. 시마네 강좌이니까 시마네 사례만 이야기해야 한다고 제한하는 것이 아니라 시마네에 실마리를 제공해줄 수 있다면 다른 지역 사례도 얼마든지 소개해도 좋다고 편하게 이야기했습니다.

사시데 편집장은 수강생 개인별로 조언하는 경우도 있지만 되도록이면 개인이 자발적으로 발언하게끔 유도합니다. 수강생 한 사람 한 사람의 노력도 중요하지만 너무 한 사람의 성공 스토리에 몰입하기보다는 누구나 공평하게 이야기할 수 있는 분위기가 되어야 한다고 생각하기 때문입니다. 따라서 개인에 너무 몰입하지 말고 누구에게나 공평하게 대응하며 신뢰감을 형성하려고 합니다.

강좌를 진행할 장소를 정할 때에도 조언을 했습니다. 회의장처럼 엄숙한 분위기라면 강사의 분위기도 그에 맞춰서 엄숙해질 수밖에 없으니 좀 더 자연스럽게 흥이 날 수 있는 좋은 분위기의 강좌 장소가 필요하다고 생각했습니다. 회의실처럼 사방이 막혀 있지 않고 평일 근무로 피곤한 직장인이 주말에 강좌를 들으러 와서도 편하게 느낄 수 있는 개방적인 장소를 물색했습니다.

느슨한 전략

또 하나 신경을 썼던 것은 장소의 분위기를 부드럽게 하는 것이었습니다. 처음에 시마코토 아카데미 설명회에서 사시데 편집장은 황당하게도 시마네현을 돗토리현(鳥取県)이라고 틀리게 말해버렸습니다. 그 바람에 엄숙한 분위기가 좀 풀어졌던 일화도 있지만 그냥 요즘 유행하는 쿨한 느낌보다 좀 더 마음 편한 느슨한 분위기가 필요하다고 생각했습니다. 반년이나 참여할 강좌인데 편한 마음을 느끼지 못하면 좀처럼 지속적으로 참여하기 어렵기 때문입니다.

사시데 편집장은 언제나 잡지나 강좌도 어느 정도의 여지가 있는

게 좋다고 말합니다. 사시데 본인도 시마네 출신자들과 비교하면 그 정도로 지역을 잘 알고 있지 않지만 반대로 생각해보면 그 지역 출신이 아닌데 잘 알고 있다는 것도 수강생들에게는 이상하게 여겨질 것입니다. 참여자 모두가 전문가가 되어버리면 신선하지 않습니다. 잡지를 만들 때도 마찬가지입니다.

착오와 착각도 있을 수 있지만 그렇다고 완벽하게 틈을 막아버리는 것 또한 잘못입니다. 일부러 의식적으로 어느 정도의 여지를 남겨놓았습니다.

이전에 모리오카(森岡) 지역에서 마을 만들기를 하던 사람에게 이야기를 들은 적이 있습니다. 그 사람은 모리오카에 '나에게 최고로 멋진 곳'이라고 생각될 가게를 만들었습니다. 그러나 만들어놓고 보니 자신보다 멋진 사람은 그 누구도 오지 않아서 충격을 받았다고 합니다. 따라서 좀 더 참여하고 싶다, 친구가 되고 싶다는 기분을 만들고 싶다면 너무 완벽함을 추구하거나 혼자만 하겠다는 생각을 하지 않는 것이 핵심입니다.

시마코토 아카데미가 수강생을 키우는 사업에 대해 시마네 주민이 어떻게 생각할 것인가도 고려해야 할 점입니다. 도쿄에 사는 전문가가 시마네에 와서 "새로운 지역 대안을 내가 만들어주겠다"라고 말하면 흔쾌히 받아들일 수 있을지 미지수이니까요.

따라서 《소토코토》가 선도하며 앞서 나가는 강좌가 되어서는 안 됩니다. 사시데 편집장은 시마네에서 진행하는 인턴십 프로그램에 참여하지 않고 수강생들 간의 의견 교환 과정에도 적극적으로 개입하지 않습니다. 중심 역할보다는 어디까지나 운영자의 자세로 수강생들 간의 거리를 좁히는 것에만 신경 쓰면서 분위기 만들기에 주력합니다.

소수 정원의 의미

사시데 편집장은 시마코토 아카데미의 가치에 대해서 "이주하지 않아도 지역에 참여하는 방식을 실천하는 것입니다. 수강생들은 이 정도면 나도 지역과 소통할 수 있다고 생각하게 되었다"라고 말합니다. 시마코토 아카데미에 왜 이 정도까지 많은 사람들이 모여들어 관계인구 만들기가 가능해졌는가에 대해서도 물어보았습니다.

"다른 지자체에 들켜버릴지도 모르지만"이라며 웃으면서 말해준 분석에 의하면 "시마코토 아카데미보다 빠르고 쉽고 깊게 타지 사람, 행정, 마을 주민을 이어주는 강사는 없으니까요"라고 합니다.

확실히 일반적으로 도쿄에서 자주 열리는 농업전시회나 각 도도부현이 개최하는 U·I턴 설명회에 가 봐도 연결되는 것은 그 설명회에 온 지자체 담당자뿐인 것이 현실입니다. 그런 U·I턴 설명회에 계속 가는 것보다 시마코토 아카데미에 들어가면 보다 쉽고 깊게 시마네를 알 수 있고 또한 핵심 인물들을 소개 받아 지역에 머물 곳을 제공받을 수도 있습니다.

사시데 편집장은 시마코토 아카데미는 자신을 발견하기 위한 강좌라고 말합니다. 자신을 찾고 싶어하는 청년들에게 마음이 머물 곳을 만들게끔 해준다는 것입니다. 그래서 15명의 소수 인원만 받게 된 것입니다. 인원이 너무 많아지면 서로를 잘 알 수 있는 기회가 줄어드니까요.

또한 현장에서 수강생들의 의견을 피드백 받으면서 개선 사항을 업데이트합니다. 수강생의 유형은 해마다 달라서 매해 새로운 강좌가 시작되는 이미지입니다. 따라서 궤도 수정을 하면서 그때그때 조정하는 것이고 이런 방식은 40명 정도의 대규모 강좌에서는 진행하기 어려운 방식입니다. 주최 측의 입장에서 더 많은 수강생 모집에 주력하다 보면 놓치는 것이 생기게 마련입니다.

편집이라는 새로운 키워드

사시데 편집장은 6기에 접어든 시마코토 아카데미를 돌아보면 이제까지 어려운 일들을 잘 넘겨왔다고 말합니다. 사실 6년을 유지하는 것은 쉬운 일이 아닙니다. 그 시간을 지탱하면서 관계자들도 자신감을 가지게 되었습니다. 자기 자신을 칭찬해주고 싶은 기쁜 마음도 생겼고, 소셜이라는 말도 널리 확산되었습니다.

《소토코토》에도 큰 소득이 있었습니다. 급격히 인구감소가 시작된 시마네현이 이주의 선도 지역이며 지역의 탑 브랜드로 자리매김했고 그런 일을 같이하는 《소토코토》의 평판도 좋아져 일정 정도 브랜드의 입지가 강화된 것입니다.

이런 과정을 이해타산적인 관점만으로 진행한 것은 아니었지만 어쨌든 시마네와 같이했다는 점은 이득이 되었습니다. 사회과제로서 지역 브랜딩을 제대로 해보려면 시마네에서 해보는 게 좋겠다는 생각도 형성되었습니다.

사시데 편집장은 2015년부터 히로시마현의 의뢰로 히로시마(広島県) 사토야마(里山, 산골) 웹 확산 프로젝트의 총괄 멘토로 관여하고 있습니다. 나라현(奈良県) 오쿠야마토(奥大和) 아카데미의 메인 강사, 시즈오카현(静岡県) '지역 가게' 디자인 선정 심사위원장 등 지역 프로젝트에 관여하는 기회가 점점 많아졌습니다.

히로시마현이나 나라현은 선배 격인 시마코토 아카데미에 대한 존경심을 갖고 있고 지역마다 재미있고 부드러운 분위기를 형성하려고 노력합니다. 사시데 편집장은 그것을 '주민성'*이라고 부릅니다. 각각의 지역이 독자적으로 노력하는 분위기 말입니다.

사시데 편집장 개인에게도 이득이 있었습니다. 사시데의 직함은 《소토코토》 편집장 다음이 시마코토 아카데미 메인 강사입니다. 이렇게 표기할 정도로 시마네현의 이 사업이 사시데 편집장을 변화시킨 것입니다.

사시데 편집장은 지역을 부흥시킬 수 있는 3개의 키워드는 첫째, 관계인구 늘리기. 둘째, 미래를 만들려는 노력. 셋째, 내 일처럼 즐기

---

*원문에서는 현민성(県民性)이라고 표현하였다. (역주)

인구의 진화

기라고 말합니다. 이 키워드는 시마코토 아카데미라는 경험이 축적되어서 더 신뢰할 수 있는 키워드로 확산되고 있습니다.

가장 크게 실감하는 것은 대화의 힘이 늘어났다는 것입니다. 작은 강좌일수록, 대화가 많을수록 서로가 반년을 함께 보낼 수 있는 열정을 더욱 키운 것입니다. 이런 경험을 통해 축적된 대화의 힘은 취재 과정에서도 위력을 발휘하게 되었습니다.

편집의 위력도 느꼈습니다. 종이책이나 영화를 만드는 식의 옛날식 편집이 아니라 지역과 장소 만들기에도 편집이 필요하다고 느끼게 되었습니다. 어떻게 편집하는가에 따라 참여자의 동기가 크게 바뀝니다. 장소를 북적거리거나 한적하게 하는 것 또한 편집 개념을 적용하여 가능해집니다. 그렇기 때문에 《소토코토》의 직원들이 현장에서 장소를 편집하는 감을 배우길 바라며 시마코토 아카데미의 스태프로 투입하고 있습니다.

앞으로도 진행 중인 지역 만들기와 지역의 움직임을 전하는 존재로서 그리고 그것을 피드백하는 전달자로 활동하고 싶습니다. 뭔가 더 함께할 수 있다면 지역은 더욱 미래를 향해 움직일 수 있습니다.

잡지 《소토코토》의
사시데 가즈마사 편집장

제5장

지역 싱크탱크의 역할, 기획과 운영

사시데 편집장을 시마코토 아카데미에 끌어들인 사람은 후지와라 게이 사장입니다. 사시데 편집장처럼 말투가 부드럽고 점잖은 분위기의 인물입니다. 마쓰에시(松江市) 싱크탱크 시즈종합정책연구소 사장으로서 시마코토 아카데미를 수주하여 기획·운영하고 있습니다. 후지와라 사장은 왜 사시데 편집장을 끌어들였고, 어떤 일을 하고자 했던 것일까요.

유능한 편집장과의 인연

2012년 6월, 후지와라 사장은 시마네현 웹사이트에 올라온 사업 입찰공고를 발견했습니다. '대도시에서 지역 만들기 강좌 기획운영

사업'에 대한 공고였습니다. 내용을 확인해보니 시마네가 아닌 도쿄에서 강좌를 기획하고 운영하는 사업이었습니다. '도쿄라…' 하는 신선한 느낌과 함께 도전 의식이 생겼습니다.

문제는 도시의 수강생을 모집할 수 있는가였습니다. 회사 자체가 시마네를 기반으로 하기 때문에 도시의 수강생을 모을 수 있는가가 문제였습니다. 또한 시마네에 관심 있는 수도권의 사람들이 가지고 있는 생각이라고 해봐야 자연에 대한 동경이나 도시생활의 피로감 등 아주 단편적인 것일 테니 그걸 어떻게 시마네의 매력과 연결하고 지속적인 강좌로 이어지게 하는가도 관건이었습니다. 뭔가 구체적으로 잘 잡히지는 않지만 이제까지 이주만 생각하던 방식과 다른 접근을 하면 재미있겠다고 생각했습니다.

그래서 생각해낸 것이 '슬로우 푸드', '슬로우 라이프' 등 시대의 키워드와 라이프스타일을 선도적으로 제창한 잡지《소토코토》였습니다. 《소토코토》라면 핵심적인 독자와 팬을 가지고 있을 테니 그들을 수강생으로 영입할 수 있을 것 같다는 생각에 가슴이 두근거렸습니다.

《소토코토》를 발행하는 키라쿠샤 출판사의 오구로 가즈미(小黒一三) 사장과 후지와라 사장의 부친인 후지와라 료(藤原洋) 전(前) 시즈 사장이 서로 아는 사이라는 것이 기억났습니다. 오구로 사장은 명물 편집장으로 유명합니다. 도쿄에서 태어나 헤본(平凡) 출판사 (현 매거진 하우스)에 입사하여《월간 헤본》,《브루터스》,《크로와상》,《걸리버》등 수많은 잡지를 편집했고, 1990년에 퇴사하여

1999년에 일본 최초 에코라이프스타일 잡지 《소토코토》를 창간한 인물입니다.

후지와라 사장은 구체적인 계획은 없었지만 사업입찰까지 시간이 얼마 없어서 일단 약속을 잡고, 도쿄 쓰키지에 있는 키라쿠샤 출판사 사무실에서 오구로 사장을 만나 취지를 설명하고 도움을 요청했습니다. 오구로 사장은 후지와라 사장의 이야기가 듣고 난 후 그런 사업이라면 자기보다 현재 편집장인 사시데가 제격이라며 연결해주었습니다.

적임자 발견

오구로 사장은 즉시 사시데 편집장을 불렀습니다. 방으로 들어온 사시데 편집장을 보고 후지와라 사장은 한눈에 '분위기 있고 멋있다'는 호감을 느꼈습니다. 또 자기와 같은 생각을 하고 있어서 그동안 후지와라 사장이 막연히 생각하던 것을 거침없이 알기 쉽게 표현하는 능력에 압도당했습니다. '이 사람이 적임자다!'

특히 마음을 울린 것은 광범위한 의미에서 사회와 지역, 환경을 보다 더 좋게 해 나아가자는 행동과 방법을 정의한 소셜이라는 키워드였습니다. 이제까지의 소셜이라면 생활이 곤란한 사람에게 문제해결을 지원하는 소셜 워커(social worker)처럼 주로 복지 분야에서 쓰던 말이나 혹은 사회의 신뢰 관계를 가리키는 사회자본(social capital)이라는 말밖에 몰랐습니다.

그런 소설을 사시데 편집장은 사람의 이상적인 상태라는 의미로 썼습니다. 지역 만들기 사업을 해오면서 좀 더 새로운 접근을 해보고 싶다고 생각했던 후지와라 사장으로서는 그 의미가 딱 맞게 전달된 것입니다.

그때 마침 《소토코토》도 에코라이프스타일에서 에코와 소셜라이프스타일로 방침을 완전히 전환했던 터라 타이밍도 좋았습니다. 후지와라 사장의 적극적인 제안에 사시데 편집장도 확답하면서 일이 시작되었습니다.

사실 《소토코토》 이외에 강력한 후보가 없었던 것도 아닙니다. 2009년에 개강한 마루노우치 아침대학(丸の内朝大学)은 도쿄 오테정(大手町) 마루노우치(丸の内), 유라쿠정(有楽町) 주변을 캠퍼스로 하여 환경에 관심 있는 시민을 교육하는 시민대학으로서 평일 아침 7시부터 운영합니다. 2011년 가을에 시마네현은 고사기(古事記)*에 나오는 시마네의 역사를 배우면서 여행하는 강좌 '소울 트래블 클래스(soul travel class), 제3강 필드워크는 이즈모(出雲)에!'를 마루노우치 아침대학과 공동 개최하기도 했습니다.

그러나 《소토코토》와는 그런 인연도 없었습니다. 그래도 후지와라 사장은 가시밭길이라도 사시데 편집장과 함께 가보자고 선택했습니다. 막연히 생각하던 강좌의 모습을 사시데 편집장이 말한 소셜이라는 키워드로 구체화할 수 있다고 생각한 것입니다.

---

*나라 시대의 일본 역사서.

수강료 책정 문제

후지와라 사장은 사업계획서를 작성하면서 첫째, 좋은 인재를 어떻게 모을까. 둘째, 강사를 어떻게 구성할까. 셋째, 시마네와의 관계 방식을 어떻게 할까를 핵심 포인트로 설정했습니다.

첫째 문제는 직접적으로 시마네현이 원하는 성과입니다. 최소한 강좌의 수강생이라도 모아야 하고 모으는 데 성공하지 못하면 사업 자체가 중단될 수도 있습니다. 강좌는 기본적으로 수강생과 강좌의 합이 맞아야 성공합니다. 따라서 좋은 인재를 확보하는 것은 가장 중요한 부분입니다. 그러나 시마네현이 주최하는 것이기 때문에 도쿄에 인맥이 많은 것도 아닙니다. 이 부분은 《소토코토》 지면에 강좌를 소개를 하면서 해결할 수밖에 없는 부분이었습니다.

둘째, 강사 문제는 사시데 편집장을 영입하면서 큰 고비를 넘겼습니다. 시마네의 사정을 잘 아는 사람이 한 명 더 필요할 것 같아서 지역 사정을 잘 알고 있는 오사카시립대학의 마쓰나가 케이코(松永 桂子) 교수에게 부탁했습니다.

셋째 문제는 전체적인 사업의 이미지를 형성하는 부분입니다. 원래 사업공고에도 지역 만들기 인재 후보를 확보하는 것이 목적이었지 이주자를 모집하기 위한 사업이 아니었습니다. 따라서 이주를 목적으로 하지 않고 지역에 관심 있는 사람에게 정보를 전달하고 네트워크를 형성할 수 있는 전체 그림을 구성했습니다. 여기에는 수강생과 지역, 도쿄의 시마네 관계자, 사무국도 포함했습니다.

그 이외에 또 하나의 핵심은 수강료 문제입니다. 결과적으로 4만 엔으로 정했는데 시마네를 직접 방문하는 비용을 고려하였고, 마루노우치 아침대학의 수강료 수준도 참고하여 그렇게 정했습니다.

강좌의 명칭은 시마네현이 제시한 사업공고에 '시마네 코토 살리기 아카데미(가칭)'가 있었기 때문에 시마코토 아카데미라고 정했습니다. 이는 시마네현과 《소토코토》의 컬래버를 의미하는 합성어이기도 합니다.

이렇게 소셜을 키워드로 넣어서 '소셜 인재 육성 강좌'를 부제로 하여 제안서를 완성하고 2012년 7월 2일에 제출했습니다. 제안서를 받아본 담당자는 의외라는 표정으로 "분위기가 달라졌네요"라고 말했습니다. 이제까지 시즈의 기획안은 비교적 공식적이고 딱딱한 이미지였는데 그렇지 않다는 의미 같아서 그게 과연 득일지 아닐지 모르겠다는 생각에 마음을 졸였습니다. 시즈 외에도 3개 회사가 입찰에 참여했는데 최종적으로 시즈와 《소토코토》 컨소시엄이 채택되었습니다.

지역과 나를 생각하다

2012년 8월, 강좌의 기획과 운영 방법을 본격적으로 논의하기 시작해야 하는 시기가 되었습니다. 전체적인 큰 틀은 후지와라 사장이 만들었지만 좀 더 상세한 사업 내용은 시즈의 사사키 아키코(佐々木晶子) 직원이 담당했습니다.

사사키는 센다이(仙台)에서 태어나 도쿄기독교대학(ICU)과 스웨덴 왕립공과대학원에서 공부한 독특한 이력이 있는 인물입니다. 멀리 스톡홀름에서 인터넷으로 시즈의 구인 광고를 보고 면접 보러 왔습니다. 너무 우수한 인재라 만장일치로 채용했습니다. 사실 시즈의 제안서가 부드러운 느낌으로 변한 것도 후지와라 사장이 "이제까지 시즈의 구성 형태를 깨도 좋으니 감성이 전달되도록 구성해 달라"라며 사사키에게 요청했기 때문입니다.

사사키는 강좌의 흐름을 다음과 같이 생각했습니다.

1차부터 3차 강의까지는 강사의 강의, 그룹워크라는 인풋(input) 세트로 하고, 시마네 출신이 아니어도 시마네의 일을 알게 하는 상태로 만드는 것을 목표로 한다.

4차부터는 실제로 지역에 가서 각 지역의 멘토로부터 배우는 인턴십 활동을 한다.

5차에는 활동보고회 등 자신의 작업에 초점을 맞춘다. 스스로 하는 작업이지만 그룹 발표를 하여 그룹으로부터 의견을 수렴한다.

6차에 활동계획서를 발표하고 최종적으로는 자신의 계획에 대한 워킹 시트(working sheet)를 만드는 것으로 강좌를 마무리한다.

이 모든 과정을 기록한 워킹 시트 자체가 활동계획서입니다. 지역 문제와 자신의 일을 계속 연결시켜 생각하는 과정에서 소셜 자체가 자연스럽게 구현되는 것입니다.

또 하나 중요하게 강조한 사항은 계획의 실현 가능성을 강요하지 않는다는 것입니다. 그보다는 수강생들 간의 평가를 더 크게 생각합니다. 일반적인 사업계획서는 현실적인 수익만 생각하지만 시마코토 아카데미에서는 이를 배제했습니다.

시마코토 아카데미를 계기로 시마네와 소셜하게 관계 맺는 법을 생각해주면 좋지만 당장 그렇게 하지 않아도 좋으니 스스로 마음으로 느끼고 앞으로 이런 일도 할 수 있으면 좋겠다고 생각하길 바란다는 방향성을 제시한 것입니다.

덧붙여 참고로 한 것은 백캐스트(back cast)*라는 기법입니다. 미래를 예측해보고 목표가 될 만한 상태와 상황을 정한 다음에 그 목표에 맞춰서 현재에 할 수 있는 일을 찾아보는 방법입니다.

이외에도 되도록 느긋하고 여유 있는 분위기 속에서 대화하는 월드카페 형식과 테마를 중심으로 선으로 연결하는 마인드맵 방식, 또한 포스트잇을 붙여 그룹화하는 KJ법**을 활용했습니다. 이 모든 과정의 핵심은 단순하게 생각하고 포스트잇만 붙이면 끝나는 것이 아니라 그 모습을 보며 전체적으로 무엇을 파악할 수 있고 다른 사

---

*백캐스트는 현재 조건에 기반하여 미래를 예측(forecast)하는 것과 달리 미래의 바람직한 목표를 설정하여 현재 변화의 필요성을 도출하는 연구 방식이다. 특히 지구온난화 등 환경문제 분야에서 주목받는 방법으로서 일본에서는 도호쿠대학 대학원 환경과학연구과 이시다 전 교수가 전문가이다.

**KJ법(친화도 분석기법)은 브레인스토밍과 함께 많이 쓰이는 기법으로 각자 생각을 통해 얻은 정보를 카드에 작성하고, 같은 계통의 카드를 그룹화하여 계통적으로 함께 분류된 데이터를 정리, 분석하고 도표 등을 작성하여 논문으로 정리하는 방법이다. 이 방법을 고안한 일본 동경공업대학 문화인류학자 키와키타 지로(Kiwakita Jiro) 교수의 머리글자를 따서 KJ법이라고 부른다. (역주)

람과 의견을 나누며 어떻게 더 좋은 의견을 만들 수 있는가입니다. 즉 연결감과 균형감을 동시에 느낄 수 있도록 진행한 것입니다.

시마코토 아카데미 '소셜 인재 육성 강좌' 제2기 워킹 시트 과제

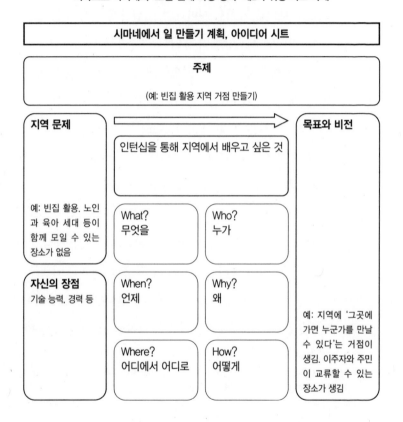

시마네에서 일 만들기 계획, 아이디어 시트

주제
(예: 빈집 활용 지역 거점 만들기)

지역 문제
예: 빈집 활용. 노인과 육아 세대 등이 함께 모일 수 있는 장소가 없음

자신의 장점
기술 능력, 경력 등

인턴십을 통해 지역에서 배우고 싶은 것

What?
무엇을

Who?
누가

When?
언제

Why?
왜

Where?
어디에서 어디로

How?
어떻게

목표와 비전
예: 지역에 '그곳에 가면 누군가를 만날 수 있다'는 거점이 생김. 이주자와 주민이 교류할 수 있는 장소가 생김

이 모든 방식을 적용했던 사사키는 그 후에 시즈를 그만두고 도쿄에서 시마코토 아카데미의 스태프로 일하고 있습니다. 사사키는

"특별한 일을 한 것은 아니지만 1기 교육에서 워킹 시트를 만들도록 한 것은 잘한 것 같다"라고 회상합니다. 그 워킹 시트를 교육 기수가 더해짐에 따라 사시데 편집장이 개량했는데 큰 틀은 변경하지 않고 여전히 그대로 사용하고 있습니다.

단 체 의 노 력

아무리 사전 준비를 잘했다고 해도 1기 교육과정은 시행착오의 연속이었습니다. 후지와라 사장과 사사키 편집장이 계속 의논하면서 진행했지만 최대 난관은 수강생 모집이었습니다. 우선 이 강좌 자체를 설명하기가 너무 어려웠습니다. 시마네현이 주최하는 도쿄에서의 지역 만들기 강좌라고 말해도 의미가 잘 전달되지 않았고, 왜 시마네이고, 왜 도쿄인가에 대해서도 설명하기 어려웠습니다.

후지와라 사장은 '시마코토 아카데미는 설명이 필요한 상품'이라고 말합니다. 다른 상업적 상품이면 소비자들이 쉽게 그 용도를 파악할 수 있지만 시마코토 아카데미는 설명하지 않으면 이해하기 어려운 상품인 것입니다.

이런 문제를 해결하기 위해 우선 적은 인원을 대상으로 설명회를 개최했습니다. 《소토코토》와 함께 기획했다는 것을 알리기 위해 사시데 편집장에게도 참석해달라고 요청했고 장소도 도쿄 쓰키지에 있는 《소토코토》 편집부의 회의실을 빌렸습니다.

시마코토 아카데미의 대상이자 설명회의 대상은 시마네에 관심 있고 소셜 비즈니스나 커뮤니티 비즈니스, 마을 만들기에 관심이 있는 20~30대입니다. 그런데 이들을 위해 도쿄에서 어떤 접근을 해야 할지 어떤 정보를 제공해야 할지 막막했습니다. 초조함만 더해가는 상황이었습니다.

시마코토 아카데미의 페이스북 페이지도 개설했지만 방문자도 별로 없었습니다(https://www.facebook.com/shimakotoacademy). 《소토코토》의 기사와 광고는 물론, 새로운 형태로 개인의 학습 장소를 제공하는 '자유대학', 사시데가 심사위원을 맡고 있는 ETIC, 지역과 이주에 관심 있는 사람들을 대상으로 발행하는 잡지 《TURNS》, 시마네의 안테나숍 등에 백방으로 홍보했지만 아쉽게도 눈에 띄는 효과는 나타나지 않았습니다.

종이 매체만으로 시마코토 아카데미의 내용과 목표를 전달하는 것은 힘들었습니다. 이때 사사키가 "친구들을 동원하겠습니다"라고 나섰습니다. 개인적인 인연을 통해 사사키가 동원한 친구들이 무려 1/3에 달했습니다. 그 외에 사시데 편집장과 《소토코토》의 야마모토의 페이스북을 보고 흥미를 느껴서 온 참가자, 그리고 시마네현청의 공지를 보고 온 시마네 출신자도 많이 모이게 되었습니다.

바로 당신이 있다

설명회 당일에 모인 참가자들은 '꼭 이주해야 하나', '혹시 할당량 같은 게 있으려나' 하고 긴장하는 분위기였습니다. 이에 대해 설명에

나선 사시데 편집장과 시마네현 시마네 살기 추진과 담당자인 다나카 도오루(田中徹) 주임은 분명하게 말했습니다. 이 아카데미는 이주나 일자리를 제안하는 기획이 아니라는 것, 물론 지역과제를 해결해 줄 수 있는 사람이 나타나면 최고지만 그보다는 자신과 시마네의 연결고리를 발견하는 것이 우선이라는 것, 곧바로 이주할 수 없는 사람이라도 지역과 연결하기 위한 기획이라고 설명했습니다.

정중히 성실하게 설명했지만 떨떠름한 분위기는 풀리지 않았습니다. 전전긍긍하던 후지와라 사장이 "모두의 의표를 찔렀다"라고 느낀 하나의 장면이 있습니다. 바로 다나카 주임의 파워포인트 설명 자료였습니다.

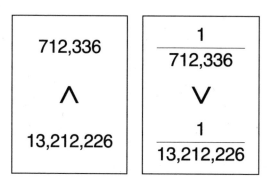

도쿄 인구와 시마네 인구를 각기 분모로 분자에 1을 기입한 분수입니다. 분수가 아닐 때의 총인구수만 기준으로 비교하면 인구가 많은 쪽을 도시라고 말할 수 있을지 모르지만 분수로 하여 '당신'이 분자가 되면 한 사람의 무게감이 역전된다고 강조한 것입니다.

그 순간 후지와라 사장은 참가자들이 얼굴을 들고 화면에 시선을 집중하는 것을 느꼈습니다. 드디어 참가들이 관심을 보이는 순간이었습니다. "1이 내가 될 수 있다는 실감이 들었고, 그렇게 되면 도시에서 익명성으로 살고 있는 나도 바뀔 수 있겠다는 기분이 들었습니다."

이 수식이야말로 한 사람 한 사람의 역할의 크기를 분명하게 보여주는 것이라고 할 수 있습니다.

결과적으로 바로 이주하겠다는 생각 없이도 지역과 시마코토 아카데미에 관심을 갖게 하는 설명회가 되었습니다. 사사키가 모은 친구들도 재미있겠다며 지원자로 나섰습니다. 1기 설명회 참가자는 정원 15명보다 적은 12명이었지만 그럭저럭 시작할 수 있는 규모가 되었습니다.

지역 활성화에 대한 위화감

그 뒤 기수별로 다소 개선 사항이 있긴 했지만 큰 틀은 변하지 않았습니다. 그리하여 총 6기에 걸쳐 83명이 수강했습니다.

무엇을 중시하며 운영했는가라는 질문에 대해, 후지와라 사장은 과거와 같은 방식의 지역 활성화 정책보다는 새로운 접근을 하겠다고 결심한 것이 가장 중요한 핵심이라고 대답했습니다. 이제까지의 지역 활성화 개념에 위화감을 느끼기도 했고 왜 자신이 그렇게 느꼈는가를 분명하게 알기 위해 워킹 시트를 작성하면서 좀 더 분명하게 깨달았다고도 말했습니다.

　풀무질 제련 방식으로 유명한 시마네현 요시다촌(吉田村, 현 운난 시 요시다정)에서 나고 자란 후지와라 사장. 이 마을은 시마네와 히로시마 경계에 있는 작은 마을입니다. 부친 후지와라 료가 요시다 촌 면사무소 직원으로서 행정개혁을 추진하고 풀무질 유산의 보존·공개·재평가 사업을 추진하며 지역 만들기에 관여하기도 했고 후지와라 사장 본인도 대학생 때부터 기획서 만들기와 영화 제작 등을 돕는 일을 했습니다. 그 속에서 지역에 대한 관심이 깊어졌다고 말합니다.

　그러나 부친의 강렬한 개성과 리더십에 대해 시골에서는 이단아처럼 취급하는 일도 있었고 야유와 따돌림의 대상이 되기도 했습니다. 그래서 지역에는 관심 있지만 고향에서는 일하고 싶지 않다고 생각하게 되어 취직한 곳은 『The 마을 만들기 View』 등 지자체와 행정 관련 서적을 발행하는 도쿄의 출판사 '제1규범'이었습니다.

　학생 시절부터 친했던 도쿄의 저널리스트인 친구가 "시작하자! 그 만두면 안 돼! 참고 일해!"라며 다독여주었습니다. 그러나 2년 정도 근무한 뒤 U턴하여 그렇게 싫다던 고향에 돌아오기로 결심한 것은 무엇 때문이었을까요. 그것은 당시의 고향이 재미있게 변하고 있다고 느꼈기 때문입니다.

　첫째는 시마네의 쓰네마쓰 세이지(恒松製治) 전(前) 지사가 1975 년부터 실시한 신(新)시마네 방식이라는 농업 진흥 대책 사업이었습니다. 한 마을 또는 몇 개 마을을 하나로 묶어 마을을 돌면서 자신들의 지역을 어떻게 변화시킬 수 있을지 이야기하는 것입니다. 마을을 돌면서 토지·기계·시설·노동력의 유효 활용, 고소득 작물 도입, 일손 육성 등을 목표로 한 마을 영농이 많이 생겨났습니다.

신시마네 방식을 오이타현(大分県) 지사가 '1촌 1품 운동'으로 제창하면서 전국적으로 주목받았고 책까지 발간될 정도로 인기를 끌었습니다. 전국 각지에서 지역을 이끄는 사람들의 얼굴이 보였습니다. 형식을 파괴하는 행정기관 직원의 노력으로 지역을 이끄는 사례도 많이 보인 것입니다.

시마네현에서는 후지와라 사장의 고향 요시다촌에서 풀무질을 되살리는 운동이 일어났고 부친 후지와라 료가 '철의 역사촌'을 중심적으로 세운 일도 있고 철과 신화를 테마로 한 심포지엄도 개최되었습니다. 저명한 인류학자 나카자와 신이치(中沢新一)와 미술가 요코오 다다노리(横尾忠則)가 함께 만든 프로젝트였습니다.

그 무렵 마침 부친이 면사무소를 그만두고 히로시마에 본사가 있는 컨설팅 회사의 지사를 시마네에 설립하였습니다. 어서 돌아오라는 부친의 요청에 '평소에 동경하던 나카자와와 요코오와 함께할 수 있는 천재일우의 기회다. 이 일을 해야겠다'며 U턴하였습니다.

사실은 그때의 동료 중의 하나가 키라쿠샤 출판사의 오구로 사장입니다. 아프리카에 호텔*을 갖고 있던 오구로 사장과 후지와라 사장의 동생 유스케가 함께 일을 한 경험이 있는 그런 묘한 인연이 있

---

*1992년 케냐의 마사이마라 국립보호구역에 리조트호텔인 무파타 사파리 클럽을 열었다.

었습니다.

　U턴한 지 7년이 된 1999년에 후지와라 사장은 부친과 함께 시즈 종합정책연구소를 창업했습니다. 지금까지 풀무질 제련의 유적과 문화의 기억을 보존·공개하는 사업을 해온 '철의 역사촌 만들기' 사업 구상을 기반으로 지역 브랜드 가치를 높여 교류할 수 있는 소비자를 확대하고, 지역 상품에 부가가치를 만들어 지역문화와 경제활동을 중개하는 일을 중점적으로 진행했습니다. 지역 자원을 전략적으로 살리기 위한 인재 집단을 만들자는 것이 시즈연구소의 근본이념인 것입니다.

지역이라는 도전의 장

　그 후 시즈는 시마네현의 학생이 매력 있는 지역 기업과 단체에서 과제를 발견해 그 해결 방법을 모색하는 인턴십 사업과 경제산업성의 사업, 구마모토현(熊本県)과 기후현(岐阜県) 사업 등 타 지역 활동을 포함하여 지역 만들기 활동을 활발하게 전개하였습니다. 물론 기본은 싱크탱크 사업이었습니다.

　2010년부터 3년 동안 시마네현의 '지역 만들기 지원 인재 파견 사업'을 수탁·운영하였습니다. 시정촌 합병이 이어지면서 지역 만들기 활동 단체를 행정기관이 지원하는 것만으로는 불가능해져서 중간 지원 조직에 적합한 인재를 육성하는 것이 목적이었습니다. 구체적으로는 지역부흥협력대로부터 지역 상황을 듣고 지역 문제를 수집하는 연수 프로그램과 인턴십 사업의 코디네이터 사업 등을 했습니다.

이 사업들을 통해 후지와라 사장이 강렬히 원했던 것은 이제까지의 지역 만들기 맥락과 다른 사람들이 지역에 관심을 갖게 하고 싶다는 것이었습니다. 예를 들어 ICU와 스웨덴에서 공부한 사사키가 시마네의 시즈에 취직한 것은 발전도상국에의 지원이 잘 진행되지 않는 상황에서 조건이 불리한 지역과 어떻게 소통해야 하는가, 일본의 과소선진지역인 시마네에는 도대체 어떤 일이 벌어지고 있는가 하는 등의 문제에 흥미를 느꼈기 때문입니다. 그런 지원 동기를 바탕으로 3년 동안 시즈의 연구를 통해 인도네시아에서 필드워크를 하고, 오이타현과 도쿠시마현 가미가쓰, 시마네현으로 필드를 확대해갔습니다.

후지와라 사장은 이제까지 선배로부터 배운 과소대책과는 확실히 다른 부류의 사람들이 관심을 갖기 시작했다고 확신하게 되었습니다. 이제까지의 지역 활성화 대책은 신시마네 방식 시대에 보였던 것처럼 주로 공무원이 주도하여 만든 지역 만들기 미션에 따라 곤란을 극복하는 정신력, 리더십이 있는 사람만 할 수 있는 어려운 이야기가 대부분이었고 홋카이도 니세코(ニセコ) 지역처럼 제도화하지 않으면 작동되기 어려운 두 가지 방식만 있었습니다. 두 사례 모두 장벽이 너무 높은 방식들인 것이 문제였습니다.

외부의 전문가가 지역에 들어와도 지역 만들기란 쉬운 일이 아닙니다. 의식적으로 집중하여 극복하지 않으면 지역이 없어져 버린다는 식의 위기의식만 강조해봐야 변하는 것은 아무것도 없으니까요.

그러나 후지와라 사장이 만난 사사키나 지역부흥협력대의 청년들은 그들과 많이 달랐습니다. 해외를 경험하고 지역을 도전의 장으로 받아들이려고 합니다. 철저히 과거 방식을 부정하는 것은 아니지만 지역 만들기를 위기감이 아닌 일상의 현실에서 시작하는 분위기를 형성하고 있는 것입니다.

또한 당시의 지역 활성화는 내발적 발전론*처럼 외부와 내부, 지역의 밖과 안을 이분법적으로만 구분했습니다. 밖과 안의 양자에 대해 어떻게 새롭게 접근할 것인가만 고민했습니다. 지역 주민만 지역 활성화를 담당한다, 즉 담당할 수 있는 자격을 갖춘다라는 의미가 너무 강해서 외부인을 배제시키는 격이었습니다.

그 땅에서 나고 자랐다는 권리를 그렇게 주장만 하고 있을 것인가. 새롭게 도전하고 싶고 참여하고 싶은 사람이 있으면 그들을 돕는 것도 의미 있는 일이 아닐까. 땅에 속박되지 않으면서 마음가짐과 생각을 공유할 수 있는 커뮤니티를 만드는 것은 불가능한 것인가. 후지와라 사장은 이런 생각을 마음에 품고 있었습니다.

실제로 지역부흥협력대나 시즈의 사사키는 지역이 없어진다는 위기감이 아니라 도시에서는 충족될 수 없는 부분에 대한 대안을 찾아 지역에 관심을 갖게 된 것입니다. 그럴 때 마침 시마코토 아카데미를 만난 것입니다. 이 모든 일이 결코 하룻밤 사이에 급작스럽게 이

---

*외부의 기술 지원과 자금 원조에 의존하여 근대화를 목표로 하는 개발이 아니고, 지역 주민 스스로 소통하며 주체적인 함의를 형성하면서 스스로 문제를 발굴하고 해결하는 지역 발전을 목표로 하는 방식.

루어진 것이 아닙니다. 즉 후지와라 사장의 문제의식이 사시데 편집장이라는 존재와 만나게 된 것은 어떤 의미로는 필연이었습니다.

위기감이 아니고 도전해 나가는 속에서 미래를 만들 수 있다. 지금까지와는 다른 부류에게 일을 맡겨야 한다. 양적인 논리와 다르게 한 사람 한 사람과 지역의 신뢰 관계를 만들자. 땅에 발을 들이는 강좌를 만들자.

결과로서의 이주

다만 후지와라 사장의 생각은 어쨌든 이상적인 것이었고 실제로 어떤 반응이 나올지는 아무도 모르는 상황이었습니다. 그런데 1기 교육을 마치고 보니 떨어져 있어도 시마네와 소통하여 활동하려는 사람이 연달아 나오고 예상 이상의 열기가 보이기 시작했습니다.

시마네에 이주하는 사람까지 나왔습니다. 역시 이주라는 것은 그 자체로 임팩트가 있습니다. 현의 담당자도 예상 이상이라고 말했습니다. 이주하지 않아도 괜찮다고 말을 했는데 실제로 이주자가 나타났으니 말입니다.

아울러 시마코토 아카데미를 미리 경험하면 갑자기 지역에서 갈등하여 떠나는 일도 없습니다. 시마코토 아카데미는 지역에 참여하기 위한 도쿄에서의 준비체조처럼 평가받게 되었습니다.

1기 수료생들의 소문으로 평판이 알려지면서 1기 모집 때만큼 고

생하는 일 없이 수강생이 모여들게 되었습니다.

후지와라는 "이렇게까지 이주와 지역 참여 의욕이 있는 사람들이 오리라고는 예상하지 못했다"라고 말합니다. 처음부터 이주를 목표로 하는 것이 아니라 자신의 삶의 방식을 생각하면서 지역과 관계 맺고 점점 거리감을 줄이면서 이주로 연결하는 것, 즉 '결과로서의 이주'가 진행되고 있는 것입니다.

시즈종합정책연구소
후지와라 게이 사장

제6장

멘토의 역할,

사람을 연결하다

시마코토 아카데미의 멘토는 강좌에서 시마네 지역을 소개하는 것뿐만 아니라 교류회 등에 참여하여 적극적으로 수강생 속으로 들어가 길라잡이가 되는 역할을 하기도 하고 그 사람에게 맞는 인턴십 지역을 추천하기도 합니다.

멘토를 맡고 있는 미우라는 30대로 비록 젊지만 사시데 편집장이 지역이라는 가치관에 관한 한 최고의 멘토라고 평가하는 인물입니다. 수강생과 시마네 주민을 절묘하게 이어주는 역할을 하기 때문에 '미우라 마술'이라고 부르기도 합니다. 과연 미우라 마술은 무엇일까요.

지역 출신은 아니지만 응원합니다

제3장에서 소개한 바 있는 시마네에 몇 번이나 방문한 시마코토 아카데미 5기생 나카지마는 가나가와현 요코하마시(神奈川県 横浜市)에서 자랐습니다. 요코하마 시내에서 이사와 전학을 반복했기 때문에 요코하마를 좋아하지만 고향이라는 느낌은 없다고 말하기도 합니다.

나카지마는 도쿄의 의류전문학교를 졸업하고 의류 회사에 디자이너로 취직했습니다. 브랜드 품질 담당으로서 고품질의 심플한 디자인, 쓸데없는 부분 없이 입으면 편한 옷을 만드느라 매우 바빴습니다. 잔업하고 밤늦게 막차를 타고 귀가하는 일상을 보냈지만 일하고 싶은 회사에서 하고 싶은 일을 했기 때문에 완전히 몰입하며 기쁘게 일했습니다.

어느 날 나카지마는 멋진 청자 도자기를 보고 한눈에 반해 구입했습니다. 시마네현 이즈모시에 있는 슛사이가마에서 만든 도자기였습니다. 문득 도자기를 만든 현지에 가고 싶다는 생각이 들어 시마네로 여행을 갔습니다.

시마네에 있는 이즈모 메밀식당에서 합석한 여성에게 도쿄에서 왔고 슛사이가마에 간다고 하자 그 여성분이 자기 차로 데려다 준다고 말했습니다. 도쿄에서는 갑자기 만난 모르는 사람을 차에 태워주는 것은 있을 수 없는 일입니다. 생각 없이 사양했지만 식사까지 대접받았습니다. 과거에 경험해보지 못한 일이 일어난 것입니다. 처음으로 혼자 가는 여행이었는데 쓸쓸함도 느끼지 못했고 따뜻한 인정과 격 없는 매력을 느껴 완전히 시마네 팬이 되었습니다.

한편 시간이 계속 지나면서 인생에 대한 고민이 깊어졌습니다. 평소에 관심 있던 먹거리와 농업 관련 일을 해보고 싶다고 결심하고 도쿄에서 개최되는 지역농업 관련 행사를 보러갔습니다. 거기에서 우연히 알게 된 것이 시마코토 아카데미여서 2016년 제5기생에 지원했습니다.

인턴십 장소로는 시마네현 동부 지역을 선택하여 유기농업 현장과 들깨 재배농원을 돌아다녔습니다. 그중에서 숙박지의 하나였던 오가닉 코튼을 만드는 시마네현 오쿠이즈모의 이로리 살롱 다락쿠소(田樂莊)가 제일 마음에 들었습니다.

인턴십을 하면서 무엇보다 크게 놀란 것은 사람들의 지역 사랑이었습니다. 나카지마는 "요코하마라는 고향이 있었지만 고향을 위해 뭔가 하고 싶다든지 뭔가 하지 않으면 안 된다는 생각을 해본 적은 없다"라고 말합니다.

만나는 사람마다 모두 같았습니다. 해외도 경험했지만 시마네의 좋은 점에 이끌렸다는 오쿠이즈모정에 사는 어떤 여성은 "고향을 북적이게 하고 싶다"라고 열정적으로 이야기했습니다. 교류회에서 지역을 새롭게 만들고 싶다는 사람들과 소통하면서 거리감을 좁혔습니다. '이 지역 출신도 아니고 떨어져 살고 있지만 힘이 된다면 도움이 되고 싶다'는 생각으로 도쿄에서 익힌 기술을 살려 멋진 농부용 작업복을 만들겠다는 활동계획서를 작성했습니다.

그 후에 인턴십에 동행했던 시마코토 아카데미 2기생 하라 사키코(原早紀子)와 다락쿠소를 또 방문하여 실제로 논에 가서 일을 돕기도 하고 오쿠이즈모 오가닉 코튼 프로젝트를 진행하는 밭도 견학하면서 시마네 살기와 농업, 그리고 사람에 반해 계속 시마네를 방문하게 되었습니다.

사람을 움직이는 것은 사람이다

나카지마와 함께 오쿠이즈모정을 다시 방문한 시마코토 아카데미 2기생 하라 사키코는 시마네 야스기시(安来市)에서 나고 자랐습니다. 에히메대학(愛媛大学)을 졸업하고 도쿄의 리쿠르트 홀딩스에 취직했습니다. "특별히 하고 싶은 것은 없었지만 막연히 도쿄에 가고 싶어서"였다고 합니다.

그 후에 의류 회사나 기획사 등에 근무했고 옷과 구두 등 패션에 흥미가 있어서 최첨단인 도쿄를 떠날 생각은 하지 않았습니다. 솔직히 별로 대단하다고 느끼기 어려운 고향인 시마네에 돌아갈 마음은 전혀 없었습니다.

그런 하라가 도쿄의 시마네 출신자 교류회에서 시마코토 아카데미를 알게 되었습니다. '요즘 고향은 어떻게 변했는지 전혀 알지도 못하는데 그냥 얼굴이나 내밀어 볼까' 하는 가벼운 마음으로 2013년에 수강을 결정했습니다.

여러 강의를 듣다 보니 자신이 살던 때보다 시마네가 많이 변했다고 느끼게 되면서 고향에 대한 인상이 변해갔습니다. 그 가운데 가장 충격적이었던 것은 인턴십으로 방문한 마쓰다시의 디자인 회사인 마쓰다 공방이었습니다.

콘크리트로 지어진 웅장하고 멋진 사무실에 멋진 디자인 포스터 등의 제작물이 있었는데, 공방 대표는 가업을 잇기 위해 마지못해 U 턴하여 공방을 설립했다고 합니다. 처음에는 어쩔 수 없는 마음도 있었지만 지금은 동창생과 함께 즐겁게 일한다고 합니다. 그런 모습을 보면서 하라는 처음으로 '시마네도 나쁘지 않네'라고 실감하게 되었습니다.

시마코토 아카데미 관련 행사로 알게 된 시마네의 지인으로부터 '고향 시마네 정주재단' 직원을 뽑는다는 소식을 듣고 지원하여 합격했고, 2014년 봄에 시마네로 U턴했습니다. 시마코토 아카데미를 수강하지 않았다면 어릴 때의 인상대로 시마네는 별거 없고 재미도 없다고 생각하며 살았을 것이라고 합니다. '사람을 움직이는 것은 사람', 바로 그것이 마법의 원천인 것입니다.

코디네이터의 역할

하라의 인턴십을 지원했던 미우라 멘토는 "하라의 가치관이나 비주얼이나 '하라다운 멋짐'이 있다고 느꼈습니다. 마쓰다 공방에 가 보면 '시골에도 이런 수준 높은 멋진 곳이 있잖아, 안 될 것 없잖아' 라고 바로 느낄 수 있을 거라고 생각했습니다"라고 말했습니다.

그 예상은 적중했습니다. 시마코토 아카데미 인턴십의 특징은 오더 메이드(order made) 방식입니다. 수강생 한 사람 한 사람의 흥미에 주목합니다. 워크숍을 하면서 관심사를 파악하고 워킹 시트를 분석하여 별도의 행동도 준비합니다.

방문 지역은 현의 동부, 서부, 오키 지역 3곳뿐이지만 실제로는 좀 더 세세한 별도 일정을 준비합니다. 미우라 멘토는 시마코토 아카데미 1회차부터 3회차까지 수강생이 원하는 것을 듣고 구체적인 장소를 제안하면서 수강생의 반응을 봅니다.

> 농업에 관심 있다고 말하면 '왜 이 사람은 농업에 관심 있을까, 어떤 농업에 관심 있을까' 하고 생각해봅니다. 상대를 직접 보고 이야기를 듣고 실마리를 제시하면서 관심이 있다면 농업 현장이 아니고 이런 사람을 만나 보는 것도 좋다고 제안합니다.
> 그리고 왜 지금 이주하고 싶다고 생각하는지, 무엇을 망설이는 것인지 열심히 듣습니다. 일에 지친 경우라면 그것은 이주와는 다른 별개의 문제지요.

시마코토 아카데미 사무국에도 수강생이 바라는 항목을 쓸 수 있는 루트가 있습니다. 그런 요구들과 대조하면서 이동 시간을 고려하여 2박 3일의 일정 속에서 실현 가능한 동선을 구성합니다. 그 후에 현지와의 세세한 조정과 약속은 현지 코디네이터가 담당합니다.

즉 인턴을 지원한다고 해도 정보 파악 능력, 사람에 적합한 장소를 꿰뚫어보고 알아내는 힘, 그리고 2박 3일 일정 계획 능력 등 3가지 기술이 필요하고 그것을 균형감 있게 배치하지 않으면 인턴도 만족하기 어려워집니다.

인턴십은 1회차부터 3회차 강의에서 배운 것을 현장으로 직접 확인하러 가는 것을 의미합니다. 그 과정의 목표는 답이 아니라 구체적인 물음을 찾는 것입니다. 후지와라 사장도 강좌의 핵심은 인턴십이며, 그로 인해 강좌 수료 후에도 시마네와 소통이 이어진다고 평가합니다.

재미있는 일은 무궁무진하다

시마코토 아카데미에서 미우라의 역할은 인턴 코디네이터에 머물지 않습니다. 수강생이 활동계획서를 작성할 때 실마리를 제공하는 역할도 합니다. 농부용 작업복을 만들겠다는 나카지마는 미우라의 조언이 활동 계획 구상에 큰 힘이 되었다고 말합니다.

시마코토 아카데미의 3회차 그룹워크에서 나카지마는 먹거리와 농업에 관여하고 싶은데 이제까지 계속해온 의류 디자이너 일은 농업과 너무 먼 분야라서 살리기 어려울 것 같다, 그래서 처음부터 다시 농업을 배워야 할까를 고민하고 있다고 말했습니다.

그런데 미우라는 그렇지 않다고 조언했습니다.

미우라: 그렇지 않아요. 새로운 일을 생각한다면 피벗하는 것

이 좋을 텐데요. 예를 들어 농업×무언가라는 식으로 생각해도 좋을 것 같아요. 곱하는 것만으로 새로운 재미있는 것이 나올 수 있잖아요. 나카지마는 무슨 일을 하고 있어요?

나카지마: 의류 디자이너예요.

미우라: 그렇다면 농업×패션이 좋지 않을까요?

그런 대화 속에서 나카지마는 이제까지 그 2개를 묶을 생각을 못했지만 갑자기 시야가 트이고 '이거라면 할 수 있겠다'는 생각에 설렜다고 합니다.

피벗이라는 농구 용어는 농구를 좋아하는 미우라다운 표현이었습니다. 피벗은 한쪽 다리를 축으로 다른 한쪽 다리를 움직이며 볼을 키핑하는 플레이 기술로서 영어로는 회전축, 방향 전환 등을 의미합니다.

나카지마뿐만이 아닙니다. '첫 수확물!'을 주최한 야마오는 원래 인연이 있던 아오모리현(青森県)의 특산품인 사과를 사용하여 도쿄 시내에서 사과주를 맛보는 행사를 개최하여 호평을 받았습니다.

지역과 도쿄를 연결해야 하는 필요성은 느끼고 있었지만 그것만으로는 비슷한 일을 하는 사람과 지역의 맛있는 식재료를 사용하는 가게나 이벤트도 많았기 때문에 내가 할 수 있는 새로운 일은 없다고 생각했습니다.

그때 마침 그룹워크에서 미우라 멘토와 상의하면서 지역의 맛있
는 식자재 중에서도 '첫 수확물'에 주목하면 재미있겠다라는 생각을
한 것이 실마리가 되었습니다. 억지로 무리하게 새로운 것을 만들어
야 한다고 생각해왔지만 이제까지 해왔던 것을 잘 살려내는 것이 중
요하다고 깨닫게 된 것입니다.

커뮤니티에 참여하다

미우라 멘토는 어떻게 그런 능력을 갖게 되었을까요. 현재 시마네
현 하마다시 기획회사 시마네 프로모션 대표인 미우라는 현에 있는
기업이나 행정기관과 제휴하면서 여러 가지 프로젝트를 하고 있습
니다. 하마다시에서 나고 자란 그는 대학 진학을 위해 도쿄로 가서
세계평화를 꿈꾸며 하시모토 류타로(橋本龍太郎) 전(前) 수상의 비서
를 했고, 국제 NGO에서도 일했습니다.

그러다가 문득 고향 시마네를 다시 보았을 때 '지역을 프로모션할
수 있는 사람은 없을까'라는 문제의식을 갖게 되었습니다. 좋은 것
이 없는 것도 아닌데 알려지지 않았을 뿐 뭔가 할 수 있는 일이 있을
것이라고 느꼈습니다.

프로모션과 기획을 직접 해본 적은 없었지만 '없으면 만들면 되지'
라는 생각으로 고쓰시 사업계획 공모전에 시마네를 프로모션한다

는 것을 그대로 제목으로 해서 '시마네 프로모션'이라는 구상을 응모하여 수상했습니다. 이를 계기로 2011년 가을에 U턴하여 공모전 운영 주체이자 창업을 지원하는 고쓰시 NPO법인 데코넷 이와미(石見)의 직원으로 일하게 되었습니다.

미우라는 쇠퇴한 JR고쓰 역 앞에 있는 고쓰만요(江津万葉) 마을상점회를 활성화하고 싶다는 주민의 상담을 받고 우선 동료 만들기를 시작하려고 고쓰만요 마을상점회 청년들을 모아서 청년부를 만들었습니다. 커뮤니케이션에 도움이 될 목적으로 청년부 모두와 시의 이름을 건 '52(고쓰) Bar'를 오픈한 것입니다.

이 장소는 원래 20년 동안 쓰지 않았던 찻집이었지만 시대 변화와 관계없는 독특한 분위기가 있었습니다. 청년부 멤버들은 힘을 모아 리노베이션했고 교대로 바텐더도 맡았습니다. 사람과 장소의 힘이 사람을 불러들여 새로운 아이디어와 만남이 생기며 시 내외에서 52 Bar가 있으니 그곳에 가자'라는 흐름이 생기는 등 52 Bar는 전설적인 존재가 되었습니다.

특이한 것은 영업시간을 오후 6시부터 9시까지로 정한 것입니다. 52 Bar에서 가볍게 한잔하고 2차는 가까운 다른 가게로 가는 흐름을 만들기 위해서였습니다. 또한 바텐더는 상점회의 청년과 미우라가 하루의 일을 마치고 교대로 맡았기 때문에 영업시간을 그렇게 정했습니다.

미우라는 "나만 괜찮다면 그만이라는 생각으로는 지역에서 살 수 없다. 시간을 정해놓고 처음 한두 잔을 즐긴 후에 '자! 2차 가자'라는 말을 하기 편한 환경을 만들어야 한다"라고 말합니다.

미우라는 2014년에 시마네 프로모션을 설립했는데 사무실은 80년 된 건물을 수리하여 코워킹스페이스를 겸해서 만들었습니다. 지역 슈퍼마켓 브랜드화를 지원하고 지역의 일품을 발굴해내는 등의 서비스를 개발하며 시마네의 가치를 발견하고 알리는 일에 주력했습니다. 인턴을 코디네이터할 때에 필요한 힘을 시마네 프로모션이라는 회사를 통해 축적한 것입니다.

이외에도 시마네현으로부터 현 내 19개 시정촌의 정주정책을 일일이 점검하는 위탁사업을 맡아서 전체 시정촌과 관련 단체 실태조사를 한 경험도 큰 도움이 되었다고 합니다. 시마네가 재미있다고 설명하기 위해서는 시마네의 현실을 속속들이 알 필요가 있었기 때문입니다.

그렇다면 인턴과 장소를 연결할 수 있는 능력은 어떻게 만들어진 것일까요. 이는 국회의원 비서라는 경험을 통해서입니다. 하시모토 류타로 수상의 비서를 할 때보다 아들 하시모토 가쿠(橋本岳)의 비서로 선거구에서 활동했던 경험이 큰 도움이 되었다고 합니다. 하시모토 가쿠는 정치인 4세로서 부친에 비해 기반이 약한 선거구에서 미우라와 생활하며 선거와 후원회 활동을 했습니다. 요즘 쓰는 말로 표현하자면 커뮤니티 디자인을 경험한 것입니다.

　　　　　　　인구의 진화

패밀리가 의지하는 멘토

그런 미우라의 인생에 시마코토 아카데미가 큰 영향을 주었습니다. 우선 미우라의 사무실이 있는 80년 된 건물인 '사키야'의 주인은 시마코토 아카데미 1기생으로 10가지 관계인구 유형에서도 소개한 오카모토 요시코입니다. 두 사람은 시마네현립 하마다고등학교 동창생인데 시마코토 아카데미에서 재회했습니다.

빌딩 수리업체에서 근무하던 오카모토는 시마코토 아카데미의 최종회 발표에서 시마네와 도쿄를 연결하고 싶다는 계획을 발표했습니다. 하마다에서 무엇을 할 것인지 아직 정하지 못했지만 어쨌든 U턴하고 싶다고 발표했습니다. 미우라도 마침 창업을 했을 때라서 사무실이 필요하다고 생각하던 참이었습니다.

자신이 빌릴 건물에 우선은 책상을 놔둬도 좋다고 하고 둘이서 하마다 시내의 건물을 보러 다녔습니다. 그러다가 우연히 오카모토가 건물을 발견했는데 너무 큰 건물이라 어떻게 사용할까 고민했고 미우라가 그곳에 입주하기로 결정한 것입니다.

오카모토도 미우라가 세입자가 되지 않았다면 그 건물을 빌리지 않았을지도 모르겠습니다. 이후 오카모토는 도쿄와 시마네 두 지역에 거주하다가 2015년에 남편을 데리고 U턴했습니다. 지금은 자신의 취향대로 부동산 사업을 하는 것이 목표입니다.

사키야 2층은 셰어하우스인데 시마코토 아카데미 3기 수료생인 여성이 입주했습니다. 미우라는 그 여성이 시마코토 아카데미를 수료한 후에도 계속 상담을 해주었습니다. 그렇게 미우라는 수료생들을 상담·중개·케어하면서, 수료생을 비롯한 시마코토 아카데미가 의지하는 아버지 같은 존재가 된 것입니다.

배움의 장을 만들다

미우라는 시마코토 아카데미를 어떻게 평가하고 있을까요. 하나는 배움의 장, 학교와 같은 곳이라고 생각합니다. 단 "앎과 배움은 다르다고 생각합니다"라고 말합니다. 안다는 것은 그저 일방통행이지만 배운다는 것은 스스로 생각하며 상대와 소통하는 것이라는 의미입니다. 그래서 정답이 아니어도 생각해내는 것이 핵심입니다. 가끔 시마코토 아카데미에 답이 있을 거라고 설명회에 찾아오는 사람에게도 그렇게 설명합니다.

그러면 무엇을 배우는 학교일까. 그건 바로 '인생'이라고 말합니다. 바꿔 말하면 라이프스타일을 배우는 것이지요. 인생을 어떻게 풍요롭고 건강하게 만들까. 그러기 위해서는 어떤 일과 행동이 필요할까를 배우는 것입니다.

시마코토 아카데미에 시마네 출신자만 오는 것은 아닙니다. 공통점은 적어도 관심을 갖고 자신의 지역에 대해 고민하는 사람들이 찾아옵니다. 어떻게 하면 자신의 지역을 배울 수 있을까. 생각을 정리할 수 있을까. 그 연결선을 이어주는 것이 시마코토 아카데미의 매력이라고 말합니다. 이런 장소가 없다면 일반적인 사람들은 일상에 쫓겨 좀처럼 자신의 지역을 생각할 겨를이 없습니다.

수강생의 배움의 장인 시마코토 아카데미는 운영자에게도 배움의 장입니다. 계속 개선 사항이 늘어납니다. 처음엔 6회차 강의만 구상했지만 인턴십 후의 생각을 정리하기 위해 한 번 더 모이는 것이 좋겠다는 수강생의 의견을 반영하여 총 7회로 재편했습니다.

멘토는 미우라 외의 사람도 추가하여 3인 체제를 만들었습니다. 세 명 모두 각자 개성은 있었지만 미우라 멘토가 시마네 전역에 갖고 있는 정보와 네트워크를 살리는 것이 수강생에게도 좋다고 판단하여 다시 1인 체제로 전환했습니다. 미우라 멘토도 사람이 배워가는 과정을 함께하는 경험을 지금까지 해본 적이 없었다고 말합니다. 이주를 생각하고, 일을 생각하고, 미우라 멘토의 이야기를 듣는 수강생의 눈에서 진실함이 느껴집니다.

또한 메인 강사도 1기 때에는 사시데 편집장 외에 한 사람이 더 있었지만 미우라 멘토와 같은 이유로 사시데 편집장 1인 체제가 되었습니다.

이렇게 사시데 편집장, 후지와라 사장, 미우라 멘토 세 명이 팀을 짜고 서로 배우고 개선하면서 시마코토 아카데미는 이어지고 있습니다.

기획의 원천은 라이벌이다

지금은 신뢰하며 만나는 팀이 된 세 명이지만 사실 미우라 멘토는 후지와라 사장이 지원한 시마네현의 사업계획 공모에 응모한 다른 팀의 사람, 즉 라이벌이었습니다. 당시 미우라는 도쿄에서 U턴하여 고쓰시 NPO법인 테코넷이와미의 직원이었습니다. 도쿄 시절에 친하게 지내던 시마네 출신 젊은 경영자 모임인 넥스트 시마네와 데코넷이와미가 손잡고 시마네현 공모에 지원한 것입니다.

기획서 발표 현장에서 미우라와 후지와라 사장은 처음 만났습니다. 미우라가 발표를 끝낸 후 데코넷이와미의 직원이 "시즈는 사장이 직접 왔네"라며 놀라는 것을 듣고 처음으로 후지와라 사장의 존재를 인식하게 되었습니다.

결과적으로 시즈가 사업을 수주했지만 보통이라면 떨어진 사업에 다른 업체의 사람이 참여하는 경우는 거의 없습니다. 그럼에도 지금 미우라는 시마코토 아카데미에 깊게 관련되어 있습니다. 어떻게 이런 일이 일어난 것일까요.

어느 날, 미우라에게 전화가 왔습니다. "이런 입장에서 전화하는 것은 죄송하지만 시마코토 아카데미 운영에 협력을 받고 싶습니다. 참여를 부탁드려도 되겠습니까"라는 후지와라 사장의 전화였습니다.

미우라는 흔쾌히 수락했고, 후지와라 사장도 기뻐했습니다. 미우라가 흔쾌히 승낙한 것은 그전에 어떤 사람으로부터 "제발 함께 사업을 하고 싶다"라는 의뢰 전화를 받았기 때문입니다. 그 사람은 시마네현 시마네 살기 추진과의 다나카 주임으로서 시마코토 아카데미를 만들어낸 핵심 인물입니다.

시마네 프로모션의
미우라 히로키 대표

제7장

낙후 지역의

의지

제4장부터 6장까지 관계인구를 만드는 창구로서 관계안내소인 시마코토 아카데미를 만들고 있는 사람들에 대해 알아보았습니다. 제7장에서는 시마코토 아카데미가 어떻게 생겨났는가를 알아보겠습니다. 무대는 국보 마쓰에 성(松江城) 근처에 있는 시마네현청 4층 시마네 살기 추진과입니다. 당시 시마코토 아카데미를 생각해낸 사람은 그 과의 다나카 도오루 주임입니다.

이주의 부조화 문제

다나카 주임은 시마네현 이즈모에서 태어나 1997년 시마네현청 직원이 되었습니다. 장남이라서 '언젠가 돌아가야지' 하는 의무감으로 U턴했기 때문에 특별히 시마네가 좋다든가 흥미가 있었던 것은 아니었습니다.

그런 다나카 주임이 도쿄에 있는 일반사단법인 이주·교류추진기구(JOIN)를 방문하면서 인생의 전환기를 맞이하게 됩니다. 민관공동조직에서 한번쯤 일해보고 싶었기 때문에 2009년에 JOIN에 자리를 마련하여 일하게 됩니다.

JOIN에서 일하면서 느낀 것은 민간기업과 도시 주민들이 지역에 관심을 갖고 있다는 것이었습니다. JOIN은 이주교류를 위한 웹사이트(https://www.iju-join.jp)를 운영하는데 접속량이 하루가 다르게 늘어갔습니다. 전국 지자체가 이주교류 사업을 시작하고 있었고 민간에서도 비즈니스의 싹이 형성되는 등 실제로 이주자들이 나타나기 시작했습니다. 이어서 생긴 지역부흥협력대 웹사이트(https://www.iju-join.jp/chiikiokoshi)의 접속량도 동시에 늘어갔습니다.

인터넷뿐만 아니라 실제 현장도 가보았습니다. 2010년 ETIC이 도쿄 아카자카의 일본재단에서 개최한 지역 창업 공모전에도 방문했습니다. 많은 NPO가 참가하여 활동 내용을 발표했는데 시마네에서는 고쓰시 NPO법인 데코넷이와미 등이 참가했습니다. 청년들도 1,000명 이상 왔습니다. 발표 후 휴식 시간에는 청년들이 열심히 지역과 사회의 일에 대해 이야기를 나누고 있었습니다. 다나카 주임 역시 그런 분위기를 느끼며 흥분했습니다.

JOIN에서는 이주와 U턴 업무를 담당하고 있었지만 주로 U턴하는 중·고령층이나 퇴직하는 단카이(団塊) 세대*의 지방 이주를 맡았습니다. 그러나 이제는 청년도 지역의 일에 관심 있다는 사실에 충격을 받았습니다. 이제부터는 청년을 타깃으로 U턴 정책을 만들어 지역과 연결하면 좋겠다고 생각했습니다. 정부에서도 2009년부터 지역부흥협력대를 시작하는 등 유사한 흐름이 형성되고 있었습니다.

JOIN에서의 2년 임기를 마치고 2011년에 시마네현청에 복귀하여 배속된 곳은 시마네 살기 추진과였고, 그곳에서 정말 하고 싶었던 지역 만들기나 U턴 지원 업무를 했습니다. 지역부흥협력대와 U턴 사업을 수정하거나 전체 19개 시정촌 추진사업을 총검토하면서 시정촌 담당자를 만나보니 모두 한결같이 "청년의 이주를 원한다"라고 말했습니다.

도쿄 시절의 경험으로 지역에 관심 있는 청년이 있는 것을 확신했지만, 그렇다 해도 중·고령층에서 청년으로 방향을 전환하는 것이 가능할까 하고 고민하다가 마침내 결심하고 청년의 U턴과 창업을 지원하기로 했습니다.

한편으로 걱정했던 것은 U턴할 때 마주하게 되는 높은 장벽이었습니다. 이주 그리고 정주가 궁극적인 종점인 것은 이해하지만 조금 더 먼저 가벼운 마음으로 참여할 수 있다면 좋겠다는 생각을 늘 했습니다.

당시 이주·정주 희망자들을 위한 산업 체험이라는 시범사업이 있었지만 마지막 목표는 어디까지나 거주이고 그 목표를 위해 두 지역

---

*일본의 전후 세대. (역주)

에 거주하는 방식이었습니다. 따라서 가끔 시마네에 오고 싶다, 참여하고 싶다는 사람들의 욕구를 수용해야 한다고 생각했습니다.

도쿄 시절에 시마네 출신자 모임과 U턴 설명회에 참여하면서 "언젠가 돌아가고 싶지만 아직은 아닙니다. 그렇지만 뭔가 시마네와 관계를 맺고 싶고 또 돕고 싶습니다"라는 말을 자주 듣기도 했습니다. "바로 이주하지 않아도 뭔가 참여할 수 있다면 그 과정에서 이주하는 사람도 나타날 것이다. 마음 편하게 오가게 만들면 좋지 않을까"라는 문제의식이 커져갔습니다.

게다가 다나카 주임의 문제의식이 깊어진 큰 '사건'이 있었습니다.

시마네현은 전국적으로 제일 빠르게 2009년부터 지역부흥협력대원을 받아서 2011년에는 총 36명의 대원이 연수하고 있었습니다. 이들의 연수를 담당한 것은 시즈종합정책연구소였습니다. 연수 과정에서 지역부흥협력대원과 시정촌 담당자가 모여 강사의 강연을 들었습니다. 그리고 될 수 있는 한 본심을 듣는 것이 좋다고 생각하여 담당자와 대원의 방을 나누어 각자 속 이야기를 허심탄회하게 나눌 수 있는 기회를 만들었습니다.

지역부흥협력대 제도는 이제 막 시작된 때라서 시정촌에 따라 받아들이는 방식은 각양각색이었습니다. 대원을 받아들이기 위해 빈집을 잘 수리해서 준비한 시정촌이 있는가 하면 그냥 그대로 받기만 하고 대원 스스로 알아서 해결하며 지내게끔 방치하는 곳도 많았습니다. 제대로 정보를 공유할 기회가 없다 보니 연수장에서 당일에 갑자기 정보를 공유하게 되는 상황도 있었습니다.

어떤 대원은 울면서 회의장 밖으로 뛰쳐나가 버렸습니다. 들어보니 지금까지 대우가 나쁜 것에 의문을 가지면서도 '협력대는 원래 이런 가보다' 하면서 그냥 열심히 했다는 것 같았습니다. 전체가 모여서 이야기를 하다 보니 충실히 보살핌을 받은 대원과 방치당한 대원의 차이가 눈에 보이면서 자신의 처지에 회의감이 들어 눈물을 흘리며 뛰쳐나가 버린 것입니다.

이외에도 지역부흥협력대로 와서 활약하지 못하고 도중에 본의 아니게 지역을 떠나야 하는 사례도 보았습니다. 이주하여 불행해지는 부조화는 절대로 피해야 하니 좀 더 준비 기간이 필요하다고 생각하게 되었습니다. 한편으로는 지역부흥협력대를 모집하는 지자체가 늘어가면서 서로 쟁탈전을 벌이는 상황에 대한 위기감도 있었습니다. 인재를 다른 지역에서 뺏어오는 것만 중요하게 된 것입니다.

그런 고민 끝에 다나카 주임은 먼저 도시에서 지역 만들기와 시마네의 사정에 관해 알리고 사람을 미리 준비시키는 것이 좋겠다는 결론에 도달했습니다. 사람들의 그룹이 만들어지면 지자체에서 사람을 모집할 때 정보 전달도 쉽고, 지역 만들기에 대해서 알고 있는 인재이기 때문에 부조화가 발생하는 것을 막을 수 있다고 생각했습니다.

이런 문제의식으로 시마코토 아카데미를 구상했습니다.

어디까지나 후보자

우선 이 문제의식을 사업 형태로 만들 필요가 있었습니다. 당시 상사인 쓰보우치 기요시(坪内淸) 과장에게 이 문제를 상담하자 앞으로 시마네에 돌아올 사람들을 위해 도쿄에 '울타리'를 만드는 이미지라면 이해하기 쉬울 것 같다는 말을 들어 가칭 '울타리 사업'이라고 부르기도 했습니다.

울타리라면 조금 의외라고 생각할지 모르겠지만 단순히 가둬놓는다는 의미가 아니라 사람들의 그룹 즉 시마네에 인연 있는 사람들이 시마네와 연을 맺어가며 도쿄에서 생활하는 기능을 의미한다고 볼 수 있습니다. 당시에는 관계인구라는 개념이 없었으니까요.

사업의 콘셉트는 지금 진행되는 것과 같은 외부 인재 후보자 획득 경쟁이 아니라 미래의 후보자 획득이라는 개념으로 구성했습니다. 그러기 위해서는 후보자를 조직하고 네트워킹하는 것이 중요했습니다. 통상적으로 도시에서 개최하는 일회성의 U턴 설명회가 아니라 지속적인 네트워킹이 가능한 구조 말입니다.

시마네 살기 추진과 안에서는 지역부흥협력대 응모자가 적고 담당할 사람이 없는 것도 과제였습니다. 한편으로는 시마네에 살고 있지 않는 사람을 대상으로 도쿄에서 연속 강좌를 한다 해도 소수 지원이고 어디까지나 후보자인데 이들이 정말 시마네에 올 것인가, 기꺼이 관계를 맺을까 하는 의구심이 있었습니다.

따라서 단순 성과지표가 아니라 수강생 정원을 채울 것과 시마네에 계속 관심을 보일 것이라는 느슨한 성과지표를 설정할 수밖에 없었습니다. 그러나 행정기관에서는 이런 성과지표만으로 예산을 확보하기 힘들었습니다. 그래서 과장의 재량으로 결정할 수 있는 실험적인 공모전 예산으로 사업을 시작하기로 했습니다.

다나카 주임이 작성한 과업지시서에 의하면 가장 중요한 사항은 어디까지나 이주자보다 후보자를 모집하는 것, 그리고 네트워크를 만들 것, 유료 강좌와 인턴십을 할 것, 이 세 가지였습니다. 특히 강좌를 유료화한 이유는 정주 설명회와 차별화할 필요가 있기 때문이었고, 바로 이주하지 않아도 좋으니 좀 더 진심으로 지역과 관계를 맺고 싶어하는 사람이 와주면 좋겠다는 생각 때문이었습니다.

또한 인턴십도 필요하다고 생각했습니다. 예산상 많은 강사를 시마네에서 도쿄 강좌에 초대하는 것은 쉽지 않기 때문에 시마네에 가면 현장에서 노력하는 사람을 많이 만나고 네트워크를 만들기도 쉽거니와 사이가 좋아지면 수강생들이 반드시 자극을 받을 것이라는 가설을 세운 것입니다. 이런 구상에 '도시부에서 지역 만들기 연속강좌사업'이라는 이름을 붙여 공고를 냈습니다.

가제와 ETIC가 만들었던 지역 만들기 아카데미, 지역 이노베이터 육성 아카데미를 참조하여 '시마네 코토 살리기 아카데미'라고 사업 명칭을 정했습니다. 두 지역에 거주하면서 지역에 도움이 되는 형태를 목표로 한다는 점을 명시했습니다.

그 결과 시즈종합정책연구소와 《소토코토》의 컨소시엄을 선택했습니다. 시즈의 안정감과 《소토코토》라는 도쿄 매체의 컬래버레이

선이 괜찮다는 것이 선정 이유였습니다.

지역에는 사람이 있다

다나카 주임은 심사위원은 아니었지만 미우라 멘토가 참여했던 계획안도 버리기 아깝다고 생각했습니다. 가설을 세웠던 것처럼 인턴십으로 수강생이 자극받기 위해서는 시마네 현장에서 노력하는 사람들과 직접 만나게 할 필요가 있다고 생각했기 때문입니다. 미우라는 본인이 시마네의 현장에서 애쓰고 있는 사람이기도 하고 청년 네트워크도 있었습니다.

미우라 팀의 계획안에는 도쿄 쪽의 핵심 인물과 시마네의 핵심 인물 네트워크가 모두 필요하다고 표현되어 있었습니다. 그런 기준으로 보면 시즈와 《소토코토》 컨소시엄은 시마네 쪽의 네트워크가 약한 감이 있었습니다.

지원자로 서로 경쟁했던 라이벌이었다는 게 신경 쓰이긴 했지만 사업 성공이 더 중요하다고 판단하여 미우라와 후지와 사장에게 각각 전화를 걸어서 그 마음을 전달하여 미우라가 합류하게 되었습니다.

추진 체제를 만들고 나니 다음은 장소 선정이 문제였습니다. 도시인을 대상으로 하면서도 뭔가 인상적으로 지역을 떠올리게 하는 장소가 필요했습니다. 1기 교육에서 정한 곳은 《소토코토》가 도쿄 긴자에 갖고 있는 파마(巴馬) 로하스 카페였습니다. 카페는 간접조명을 사용한 멋진 공간으로 후지와라 사장과 답사를 간 다나카 주임은 도쿄 중심지인 긴자에서 지역을 생각하는 강좌를 개최하는 것은 나름대로 상징성이 있다며 만족해했습니다.

회의장 선택 다음의 문제는 수강생 모집이었습니다. 쓰키지에 있는 《소토코토》 편집부에서 개최하기로 한 사전설명회에서 설명에 나선 다나카 주임이 가장 하고 싶었던 이야기는 "시마네에서는 한 사람 한 사람의 역할이 크다"라는 것이었습니다. 거기에서 인용한 것이 도쿄와 시마네의 인구였습니다. 단순히 총인구수만 비교한다면 도쿄가 훨씬 크지만 분자에 사람을 놓으면 시마네 쪽이 더 크다고 이야기한 것입니다.

계속 시마네에는 사람이 있다고 호소했습니다. 이 '있다'는 말에는 두 개의 의미가 있습니다. 필요=니즈(needs)로서의 있음과 실제로 존재하고 있다는 있음이 그것입니다. 시마네 살기 추진과의 캐치프레이즈이기도 해서 명함에도 그렇게 표기했습니다. 설명회가 끝난 후 많은 사람들이 회의장에 남아 이야기하는 모습을 보았습니다. 감상에 대한 조사를 해보니 "시마네현에서 이런 일을 하는 줄 몰랐다"라는 평이 많았습니다.

6개월이 지나 1기의 최종 발표회에서 수강생들의 활동 계획을 들은 다나카 주임은 그 열기를 느꼈습니다. 활동 계획의 내용도 충실히 지역에 연결되는 내용들이어서 목적을 이루었다고 안심했습니다.

2기째에는 1기에 사용했던 파마 로하스 카페가 없어져서 후지와라 사장과 함께 시내 회의장들을 찾아다녔습니다. 도시에 있으면서 지역 만들기가 느껴지는 장소를 찾던 중에 회의실처럼 답답하고 형식적인 공간보다는 폐교를 활용한 인기 시설인 아트치요타 3331을 장소로 선택했습니다.

아직 무언가 불분명했던 1기생에 비해 2기생은 시마네 출신자 등 시마네에 연고가 있고 좀 더 하고 싶은 일이 분명한 사람들이 모였습니다. 1기생들의 좋은 평판도 있었기 때문에 모집은 그렇게 어렵지 않았습니다. 또한 2기를 진행하던 중에 1기생 1명이 U턴했고 두 지역을 오가며 새로운 사업을 시작한 사람도 나타났습니다.

처음에는 막연한 울타리 사업을 통해 미래의 이주 후보를 양성하고자 했던 것인데 그렇게 빨리 효과가 나타날 것이라고는 예상하지 못했습니다. 시마코토 아카데미가 시마네와 연대해 나가며 무언가 하고 있는 분위기가 주위에 전해진 것이 정말로 기뻤다고 합니다.

역사로부터의 교훈

다나카 주임은 시마코토 아카데미의 2기생을 배웅한 다음 다른 부서로 이동했습니다. 시마코토 아카데미는 그 후에도 담당자를 바꾸어가며 6년간 이어지고 있습니다. 이어받은 새로운 담당자들은 대부분 '이렇게 알리기 힘든 강좌도 통하는구나, 새로운 사업이구나'라고 느낀다고 합니다. 다른 지역에 물어봐도 좀체 성공하기 힘든 사업이라고 합니다. 그런데 어떻게 가능했던 것일까요.

물론 다나카 주임의 기획력도 있지만 시마네현이 스스로 역사와 경험에서 배웠기 때문인 것도 중요한 성공 요인입니다. 시마네현은

'과소'라는 말의 발상지입니다. 지역의 80퍼센트가 삼림이고 86퍼센트가 중산간 지역입니다. 여러모로 생활과 경제활동 조건이 잘 갖추어져 있지 않습니다.

인구는 1955년 92만 9천 명(지금은 70만 명이 넘지 않지만 현민 노래에는 '90만 현민'이라는 가사가 있습니다)을 정점으로 일시적으로는 증가한 적도 있었지만 기본적으로 계속 감소하고 있습니다. 2015년 총인구조사에서는 총인구 69만 4,352명이어서 2010년에 비해 3.2퍼센트가 감소해 돗토리현 다음으로 두 번째로 인구가 적은 현입니다.

도도부현에서 유일하게 총인구조사 시작 시점인 1920년부터 계속 인구가 감소하여 감소율이 전국에서 최고 수준입니다. 정점이었던 시대와 비교하면 20만 명 이상 감소한 것입니다. 1975년까지는 고도 성장기 때문에 노동력이 도시로 유출되었습니다. 일단 진정된 후에는 시마네로 이주하는 사람보다 현 밖의 지역으로 나가버리는 사람이 많은 것이 기본 구조였습니다.

현 내에 대학이 2개(국립시마네대학과 시마네현립대학, 사립대학은 없습니다)뿐이어서 고등학교 졸업생을 수용할 수 없기 때문에 대학과 전문대학을 가고 싶다면 지역 밖으로 갈 수밖에 없습니다. 계속 이대로라면 2060년 인구는 38만 명까지 감소한다는 예측도 나왔습니다.

시마네 안에서 큰 전환점이 된 시기가 있었습니다. 헤이세이(平成) 시대에 들어선 1992년 시마네현의 인구감소는 지역에서 사람이 나가는 인구 유출, 즉 사회적 감소 때문입니다. 그렇다면 도시에도 있는 시설인 시마네 현립 시마네 해양관 아쿠아리움을 설치하는 등 도시와 같은 인프라를 정비하면 인구 유출을 막을 수 있다는 가정하에 인프라와 하드웨어 중심의 정비가 이루어졌습니다.

그런데 1992년 총인구조사에서 현민 인구가 5년 전의 조사보다 15년 만에 감소하여 78만 명으로 나타났습니다. 처음으로—사회적 감소가 아니라— 출생률이 사망자를 밑도는 '자연 감소'가 시작된 것입니다.

사회적 감소가 진정된 상황에서 자연 감소에 의한 인구감소라는 더블 펀치를 맞게 된 것입니다. 이런 전대미문의 사태에 어떻게 대처해야 하는가 하는 것이 큰 문제로 대두되었습니다. 인프라 정비만으로는 자연 감소를 멈출 수 없고 태어나는 것보다 죽는 사람이 많은 것을 개선하려 해도 바로 대책을 세운들 바로 효과가 나타날 리 만무한 상황이었습니다.

그 충격은 지역을 동요하게 만들었습니다. 당시 스미다 노부요시(澄田信義) 지사는 현청에 인구정주촉진회의를 설치하고 1992년을 정주 원년으로 삼아 대책을 강구하기 시작했습니다. 직원들은 밤새 머리를 맞대고 대책을 구상했습니다.

시마네를 떠난 사람들은 좀처럼 돌아오지 않으므로 출신자가 아니고 연고도 없는 I턴 이주자를 부르자는 의견도 나왔습니다. 인구가 증가하는 지자체도 적었고 I턴이라는 발상도 유행하지 않던 때였습니다. 그리하여 정주기획과를 설치했고 정주정책을 전문적으로 실행하는 고향 시마네 정주재단도 생겼습니다.

정주 촉진을 목적으로 한 현의 외곽단체를 도도부현에서는 아키타(秋田), 구마모토(熊本), 니가타(新潟)에 이어서 네 번째로 설치했습니다. 처음에는 인구감소대책으로써 고용과 상공노동정책의 성격이 강했지만 U턴 이주자를 받아들이면서 지역과 이주자의 매칭에 주력하기 시작했습니다.

이주자의 매칭에는 직업 알선이 빠질 수 없으니까 무료 직업소개를 시작했습니다. 이 방식이 긍정적으로 평가받게 되면서 2014년에 181명, 2015년에 255명의 매칭을 성공시켰습니다. 또한 직업소개뿐만 아니라 지역 만들기 응원도 필요할 것 같아서 시마네 정주재단은 U턴 지원, 직업소개, 지역 만들기 3개 축으로 사업을 전개했습니다.

현청 내에서도 수직적인 방식을 폐지하고 2011년부터 약칭 '시마쿠라(시마네 살기)'로 불리는 시마네 살기 추진과가 발족했습니다. 이 과는 다른 지역으로부터도 부러움을 받는 선망의 대상이 되었습니다.

현이 주최하고 도쿄 등에서 개최하는 U턴 설명회에 현 내의 19개 시정촌이 모두 참가하고 있습니다. 이렇게 발을 맞춰가며 전력으로 일을 추진하는 지자체는 좀처럼 발견하기 힘듭니다.

슈퍼 히어로는 없다

처음부터 이런 체제가 구성된 것은 아닙니다. 2009년까지는 U턴 설명회에 참가하지 않은 시정촌도 많았습니다. 선진적인 지역 만들기로 알려진 독자적 사업을 하던 아마정과 그 옆 치부촌(知夫村) 등이 그렇습니다.

그 이유를 알고 싶어서 방문했더니 아마정의 어떤 과장이 "정주재단이 하는 일이 의미나 있느냐"라며 반문했다고 합니다. 이제까지 잘못한 것이 있으면 고치겠으니 알려달라고 했더니 다시 오라고 말했답니다.

수 주일 후, 일부러 일을 만들어 재방문해서 끈질기게 이유를 묻고 조금씩 신뢰 관계를 만들어가면서 아마정도 U턴 설명회에 참가하게 되었고, 그 과장과도 상담 전화를 하는 친밀한 사이가 되었습니다.

이런 사례들을 보면 정책을 받아들이는 현장의 사정을 잘 파악하고 나서 U턴 설명회 등의 행사를 하지 않으면 의미가 없다는 것을 알 수 있습니다. "시골은 좋은 곳이에요"라고 말만 하는 것으로는 실제로 이주자가 와도 불행해지기 때문입니다. 즉 실제적인 일과 거주까지 확실하게 파악해줄 책임이 있는 것입니다.

이러한 경험을 축적하면서 전국에서도 선진적인 사업 구상을 해오고 있습니다. 2015년부터는 행정기관의 지원을 받지 않는 U턴 이주자를 포함해 전수조사를 실시하고 있습니다. 조사 결과에 의하면 2015년 U턴 이주자는 4,252명, 2016년에는 4,376명입니다.

진학이나 전근 등의 이주자를 산출하지 않기 위해 5년 이상 시마네에 살 예정이 있느냐는 질문 항목을 만들어 산출하고 있습니다. 시정촌이 조사하는 통상적인 인구이동조사에 독자적인 항목을 추가한 것입니다. 이에 대해서는 시정촌의 협력이 반드시 필요합니다.

그 이외에 과소대책으로서 시마네현이 실시한 취락지원인 제도가 총무성 정책으로 채택되어 지역부흥협력대 발전에 기여한 일도 있습니다. 시마네 살기 추진과 그리고 다나카 주임도 시마네현이 U턴 이주와 과소대책에 관한 한 선진지역이라고 평가하지만 거기에서 멈추지 않고 문제해결에도 선진지역이 되고 싶다는 기개가 있습니다.

시마네현에서 시마코토 아카데미라는 도전적인 시책이 시작된 것은 결코 우연이 아닙니다. 그렇다고 특별히 우수한 직원과 슈퍼 히어로가 능력을 발휘한 것도 아닙니다. 오랜 시간 축적한 선진 지역으로서의 자부심, 과제뿐만 아니라 정책 부문에도 선진적으로 도전하는 패기 등이 인구감소사회가 원하는 새로운 관계인구 만들기의 거점이자 관계안내소가 된 시마코토 아카데미를 낳은 원천인 것입니다.

다양한 지역과의 연대

그러나 시마네현의 정주대책을 선도한 일부 사람들은 이주·정주를 전면적 목표로 제시하지 않는 시마코토 아카데미를 그다지 좋게 생각하지 않았습니다. 귀중한 '노동력'으로서 이주자의 수에 초점을 둔 '양적' 가치를 중요시해왔기 때문에 양보다 인재의 질에 중심을 둔 시마코토 아카데미가 불만이었던 것입니다. 이러한 엇갈림은 극명해져서 현청 내에서도 나타났습니다.

당시의 쓰보우치 과장에게 '비용 대비 효과가 보이지 않는다', '각오 없는 이주자는 평가할 수 없다', '진정한 정주가 아니다'라는 비판 전화가 걸려오기도 했습니다. 그러나 과장은 '질적 전환을 가늠하는 사업'이라며 각오를 굳게 다졌습니다

명확한 성과지표를 보이기 힘든 사업이었기 때문에 예산을 다루는 재정과에서 혼난 적도 있습니다. 그럼에도 "무모한 줄 알지만 예산을 집행해달라"라며 과장 재량으로 시행할 수 있는 예산을 집행하며 시마코토 아카데미 사업을 운영해나갔습니다.

그렇게 어렵게 지속한 것이 시마코토 아카데미였습니다. "결과적으로는 밀어붙여서 잘됐잖아"라며 다나카 주임은 시원스럽게 말했습니다. 그래도 역시 예상 밖의 일들이 너무 많았습니다.

하나는 예상 이상의 수준으로 사람이 변한 경우였습니다. 계기가 필요하다는 사람은 어디에나 있었고 이제까지는 U·I턴 설명회를 통해 가벼운 마음으로 접근하기도 했지만 비슷한 처지의 사람들을 만나면서 인생이 전환하기도 했습니다.

또 하나는 다양한 연결고리가 존재한다는 것입니다. 당초에는 그룹을 만들어 느슨하게 연대하면서 궁극적으로는 시마네에 이주하여 지역 만들기에 동참하면 좋겠다는 것이었지만, 실제로 진행되는 것을 보면 ① 시마네에 이주, ② 두 지역 거주, ③ 도쿄에 있으면서 참여하는 3가지 유형을 중심으로 다양한 지역과의 관계가 실현되었습니다. 여기에서 ②와 ③ 유형은 정말로 관계인구라고 말할 수 있습니다.

"생각해보면 그때까지 이주 이외에 지방과 관계하는 방법이 없었

던 것이지요. 관계한 결과로 사람이 돌아온 것이고요." 시작 당시는 존재하지 않았던 관계인구라는 키워드도 시마코토 아카데미를 통해서 지금은 실감할 수 있고 이해할 수 있다고 말합니다.

시마코토 아카데미에 다른 지자체의 상담 요청도 늘어나 느슨한 관계성 속에서 그룹과 네트워크를 만드는 일의 중요성을 공감하는 것 같다고 느끼고 있습니다.

시마네현은 한발 앞서 나가기 위해 어떤 구상을 하고 있을까요. 시마네 살기 추진과의 요시모토 히로유키(嘉本博行) 과장에 의하면 관계인구를 착실히 정책으로 도입하여 더 한층 추진할 계획인 것 같습니다.

시마네현을 입을 모아 칭찬하긴 하지만 시마네현으로서는 필사적으로 발버둥치고 있는 겁니다. 여기에서 만족하지 않고 그 노력을 계속할 것입니다.

시마네현 정책기획국 정책기획감실
다나카 도오루 주임

제8장

관계인구를
만드는 방법

지금까지 시마코토 아카데미를 지원하는 사람들의 이야기를 통해서 시마코토 아카데미와 관계인구가 만들어지는 모습을 보았습니다. 제8장에서는 다시 한 번 시마코토 아카데미를 분석하여 어떻게 하면 관계인구를 만드는 일이 가능한지 알아보겠습니다.

수강 만족도 100퍼센트

2017년 3월 15일, 도쿄 기요스미시라카와(淸澄白河) 리틀 도쿄에서 시마코토 아카데미 5주년 기념 시마코토의 밤이 개최되었습니다. 1기부터 5기생까지의 수료생 23명과 수료생 이외에 관심을 가진 사람들을 포함하여 62명이 참가했습니다.

사시데 편집장의 건배를 시작으로 미우라 주임이 수료생들을 공개 인터뷰하였고 시마코토 아카데미를 통해 새로운 도전을 하고 있는 수료생의 발표가 이루어졌습니다. 연희장이 벽에는 "당신에게 시마코토는 어떤 의미입니까"라는 질문에 대한 답이 꽉 채워져 있었습니다.

당신에게 시마코토 아카데미는 어떤 의미입니까?

시마네와 인연을 맺은 계기	인연이 확대된 연결의 장	상담 가능하며 응원할 수 있는 동료를 만남
지역의 멋진 사람과 만남	시마네에 가든 안 가든 연결될 수 있고, 정이 넘치는 프리미엄 패스포트	다양성을 허용하는 마음 편한 장소
지역에 관계하는 입문	새로운 안경. 고향에 대해 보이는 경치가 달라짐	시마네의 매력과 심오함을 탐구하는 장
생활방식과 살아가는 방식을 바꾸는 큰 계기	시마네 최전선의 정보 수집의 장. 즐길 수 있는 장	자신의 장점과 대면하고 대화할 수 있는 계기를 만든 기회
지역을 신중하게 생각할 수 있게 만드는 체험	이후 내 활동의 길잡이	사람과 있는 것이 좋은 것이라고 새삼 느끼게 되는 시간과 장소

모여든 사람들의 열기로 시마코토 아카데미가 소중한 장소라는 것이 더욱 뜨겁게 느껴졌습니다. 시마네에 I턴, U턴하여 참석하지 못한 수료생들의 뜨거운 메시지와 게스트와 인턴을 받았던 주민들로부터의 응원 메시지도 전시되었습니다. 수도권과 시마네, 그리고 여러 곳과 시마코토 아카데미의 인연이 점점 넓어진다는 것을 확인할 수 있었습니다.

또한 이날은 조사 결과도 발표했습니다. 제3장에서도 소개했듯이 수료생의 60퍼센트 정도가 시마네에 참여 활동을 한다는 결과가 나왔습니다. 3월 1일부터 13일까지 수료생 63명에게 메일로 설문을 보내 53명으로부터 응답을 받았습니다(응답률 82.5퍼센트).

Q1: 시마코토 아카데미를 수강한 것이 좋았습니까?
A: 정말 좋았다 84퍼센트, 좋았다 16퍼센트

Q2: 수강 후 일과 삶에 변화가 있었습니까?
A: 변화가 있었다 52.9퍼센트, 큰 변화가 있었다 31.4퍼센트, 뭐라고 말할 수 없다 11.8퍼센트, 큰 변화는 없었다 3.9퍼센트

Q3 : 시마네 관련 활동을 하고 있습니까?
A : 수도권에서 활동하고 있다 33.3퍼센트, 시마네에 이주하여 활동하고 있다 25.5퍼센트, 뭐라고 말할 수 없다 21.6퍼센트, 기타 9.8퍼센트

우선 놀라운 것은 만족도가 100퍼센트라는 것입니다. 이것은 좀처럼 보기 힘든 결과입니다. 수강 후 변화에 대해서도 84.3퍼센트가 무언가 변화가 있었다고 답했습니다. 전혀 변화가 없다고 답한 사람은 없습니다.

또한 이주자나 수도권에 살고 있는 사람을 합쳐 58.8퍼센트가 수강 후에도 시마네에 관련된 활동을 이어가고 있는 것으로 나타났습니다. 이것이야말로 관계안내소로서 지역에 참여하는 사람=관계인구를 만들어낸다고 말하는 증거겠지요.

세 유형의 수강생

그렇다면 시마코토 아카데미가 어떤 방식으로 구성되었는지 정리해보겠습니다.

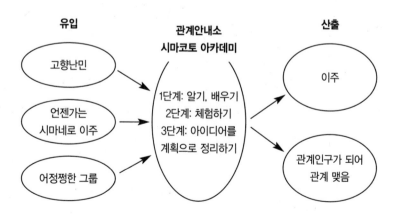

시마코토 아카데미의 구성

우선 유입구부터 본다면, 어떤 사람이 수강생이 되었을까요. 물론 수도권이라는 도시에 살고 있는 사람이 대상이겠지만 그 범위가 너무 넓습니다. 그중에 사람과 사회를 보다 좋게 만들고 싶다, 힘이 되고 싶다는 소셜한 기분을 가지고 있는 사람을 추려낸다 해도 너무 광범위합니다.

제가 지켜본 바로는 이들을 첫째, 고향난민. 둘째, 언젠가는 시마네로 이주. 셋째, 어정쩡한 그룹의 3개 유형으로 분류할 수 있을 것 같습니다. 고향난민은 자신이 고향이라고 부를 만한 지역을 갖고 있지 않지만 지역이나 지역 주민과 연대하기를 원하는 사람입니다. 이 책에 소개한 요코하마 출신인데 농부용 작업복을 만들고 싶다는 나카지마 같은 사람으로서 도시인 중에 꽤 많은 사람이 여기에 속합니다.

언젠가는 시마네로 이주하겠다는 사람은 U턴 그룹이라고 할 수 있는데 이들은 도시 출생일 수도 있기 때문에 부모의 출신지로 이주하는 손(孫)턴과 R턴(ROOT턴)*이라는 말로도 표현합니다. 이 책의 제6장에 소개한 두 지역 거주 후 하마다시에서 사키야를 운영하고 있는 오카모토 등이 이 그룹입니다.

물론 그렇게 분명한 목표를 갖고 있는 사람만 시마코토 아카데미를 수강하는 것은 아닙니다. 어정쩡하게 고민만 많은 사람들도 있습니다. 이 책의 제6장에 소개한 하라가 대표적입니다. 이들이 고민하는 과정에서 계기를 제공받는 장이 시마코토 아카데미가 되는 것

---

*손턴 : 손자 세대가 할아버지의 출신지로 귀향하는 것.
R턴 : 집안의 연고지를 일종의 뿌리로 비유하여 귀향하는 것을 의미. (역주)

입니다.

세 유형의 공통점을 보면 생각은 품고 있지만 아직 행동으로 옮기지는 못했거나 참여 방법을 찾지 못한 사람들이라는 것을 알 수 있습니다. 그런 사람들이 관계안내소로서 시마코토 아카데미를 수강하며 강사나 멘토, 지역 주민과 만나면서 자기의 계획을 구체화하는 것입니다.

제3장에서도 소개했듯이 첫째, 알기, 배우기. 둘째, 체험하기. 셋째, 자신의 아이디어를 계획으로 정리하기의 3단계 과정을 거치면서 지역과 연결하는 자신만의 방법을 찾아갔습니다.

유입구에 이어서 출구를 생각해봅시다. 출구에도 다양한 유형이 있지만 크게 보면 첫째, 이주. 둘째, 관계인구가 되어 관계 맺음의 두 유형이 있습니다. 제3장에 소개한 10개의 관계인구 유형도 이렇게 구분할 수 있습니다.

사회적 영향과 체류 시간을 중심으로 구분한 10개의 관계인구 유형

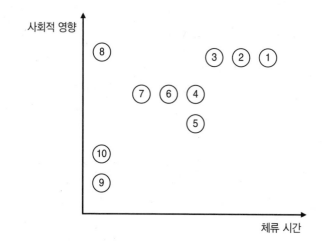

① 실험 이주 ② 두 지역 거주 ③ 같은 지역에 반복 방문

④ 지역 행사 개최 ⑤ 원격 수강 ⑥ 도쿄에서 지역 기업과 협업

⑦ 지역 기업의 도쿄 지사 근무 ⑧ 먹거리로 도쿄와 지역을 연결

⑨ 도쿄에서 지역을 위한 행사 개최

⑩ 여행과 이주 사이를 생각하는 연구회 만들기

재미있게 생각한 것은 그림의 제일 왼쪽 위에 있는 ⑧유형 관계인구의 '첫 수확물!' 기획입니다. 도쿄에서 지방의 제철 식품을 먹는 행사를 열어 지역 상품을 구매해주니 지역 생산자의 수익이 늘고 그 과정에서 생산자를 알게 되어 애착이 형성되는 방식입니다. 이렇게 하면 상품과 사람에게 모두 사회적 영향력이 크다고 볼 수 있습니다. 제일 왼쪽 위에 있는 부문은 사회적 영향력이 크지만 지역에서 지내는 시간이 적다는 이유로 별로 평가받지 못하는 유형입니다. 이들을 제대로 평가할 수 있는 지표가 필요합니다.

⑥ 도쿄에서 지역 기업과 협업과 ⑦ 지역 기업의 도쿄 지사 근무 유형도 지역 거주 시간은 짧지만 지역에 새로운 아이디어를 제공할 수 있으니 사회적 영향력이 큰 유형입니다. ① 실험 이주 ② 두 지역 거주 ③ 같은 지역에 반복 방문 등은 지역에서 지내는 시간이 늘기 때문에 그나마 이제까지 좋은 평가를 받아온 것 아닐까요.

한편 ⑨ 도쿄에서 지역을 위한 행사 개최 ⑩ 여행과 이주 사이를 생각하는 연구회 만들기 유형은 상품 면이나 아이디어로서는 사회적 영향력이 크다고 할 수 없지만 지역을 생각하고 애착을 갖는 사

람, 팬을 늘리는 활동으로서 의미가 있기 때문에 사회적 영향력이 낮다고 평가하면 안 됩니다. 각 유형들의 착실한 실천의 축적으로 지역에 도움이 형성되는 것입니다.

이 책에 제시한 것보다 더 많은 관계인구 유형이 있을 수 있습니다.

시마코토 아카데미의 과제

이런 시마코토 아카데미 또한 과제를 안고 있습니다.

하나는 수료생과의 지속적인 관계 유지입니다. 시마코토 아카데미는 기수별 수료생 페이스북 그룹이 있고 수료생 모임도 있습니다. 2016년에는 도쿄에서 수료생 연결을 위한 모임도 개최했습니다. 그러나 일 년에 몇 번 정도의 행사와 인터넷상의 만남으로는 좀처럼 수료생을 계속 지원하는 것이 불충분합니다.

모처럼 연결된 인연이지만 일상생활과 일에 쫓기면 점점 옅어지고 맙니다. 따라서 침착하고 자연스럽게 연결될 수 있는 계기가 필요합니다. 지금까지는 시즈 등 시마코토 아카데미 사무국이 중심적으로 기획하고 연락하는 방식이었습니다.

그런 방식도 한계가 있습니다. 사무국도 시마코토 아카데미 운영만으로도 벅차기 때문에 수료생들이 주체적으로 자체적인 모임을 형성할 필요가 있는 것입니다. 아울러 단순히 수료생 교류의 장에 머물지 않고 지역을 위해 좀 더 적극적 활동을 진행해야 모임을 오래 지속할 수 있습니다. 수료생들은 기본적으로 소셜한 마음을 갖고 있는 사람들이기 때문입니다. 졸업 후에도 지속적으로 지역 관련 활동을 할 수 있도록 독려할 필요가 있습니다.

또 하나의 과제는 관계인구라는 존재를 가시화하는 것입니다. 관계인구 유형은 10개에 그치는 것이 아니라 더 많이 나타날 수 있습니다. 시마코토 아카데미 웹사이트에는 수강생의 목소리라는 게시판이 있는데 이런 의견들을 수렴하여 수강해보니 좋다 정도의 의견 뿐만 아니라 관계인구의 개념을 좀 더 구체화할 수 있도록 분석하여 정리할 필요가 있습니다.

시마코토 아카데미의 성과와 관계인구라는 사고방식을 사회적으로 널리 알리기는 쉽지 않지만 구체적인 활동이나 관계 방식을 보여주면 좀 더 나은 상태가 되어 시마코토 아카데미와 관계인구에 참여하는 폭이 넓어질 수 있습니다.

다섯 가지 핵심 포인트

그렇다면 어떻게 관계인구를 만들면 좋을지 생각해보겠습니다. 우선 시마코토 아카데미가 관계인구 만들기에 성공한 핵심 포인트는 첫째, 관계안내소 설치하기. 둘째, 유입구를 넓고 유연하게 만들기. 셋째, 역할을 제시하기. 넷째, 자신의 일로 만들게 하기. 다섯째, 사람을 연결하여 신뢰 네트워크를 형성하기였습니다.

첫째, 시마코토 아카데미는 관계인구를 만드는 관계안내소라고 말씀드렸습니다. 지역에 참여하고 싶은 사람과 고향이 필요하다고 생각하는 사람들은 잠재적으로 숨어 있고 혹은 구체적인 지역과의 관계 방법을 잘 모르기 때문에 관계안내소가 그 역할을 합니다. 시마코토 아카데미처럼 수도권과 도시에 관계안내소가 있으면 보다 효과적입니다.

관계안내소라고 해서 멋진 건물이나 하드웨어를 의미하는 게 아닙니다. 시마코토 아카데미도 어떤 곳에 건물을 설치한 것이 아닙니다. 도쿄 시내의 건물을 빌려 월 1회의 강좌를 열고 있는 정도입니다. 즉 관계안내소는 건물이 아니라 마음 편한 장소, 마음 편한 커뮤니티입니다.

그런 분위기를 만들기 위해 회의장의 분위기도 중요하지만 보다 중요한 것은 사람입니다. 시마코토 아카데미는 사시데 편집장, 미우라 멘토, 후지와라 사장, 사사키 등 만나러 가고 싶은 매력적인 사람이 있기 때문에 마음 편한 관계안내소를 만들 수 있었습니다.

둘째, 유입구를 넓고 유연하게 한다는 것은 이주만을 생각하며 사람을 압박하지 않는다는 것입니다. 참가자는 민감합니다. 이들을 쉽게 생각하면 안 됩니다. 시마코토 아카데미에서는 '이주하지 않아도 지역을 배우고 싶고 참여하고 싶다'라는 모토를 제시했습니다. 일부러 그렇게 전면에 내세워 수강생에 대한 심리적 장벽을 낮춘 것입니다.

또한 시마네현 단독으로 개최하는 행사 정보가 전국적으로 알려지긴 어렵기 때문에 《소토코토》라는 전국 대상 잡지를 확보하여 유입구를 넓게 설정했습니다. 아무리 멋진 관계안내소를 만든다 해도 관심 있는 사람이 찾아오지 않으면 없는 것이나 마찬가지이기 때문에 유입구를 넓고 유연하게 설정한 것입니다.

셋째, 지역에서 할 수 있는 역할을 구체적으로 제시하는 문제입니다. 지역에 관심이 있거나 아이디어를 고민하는 사람들이 관계안내소에 모여들었다면 그다음에는 지역과 관계를 맺는 역할과 방식을 제시할 수 있어야 합니다. 구체적으로 제시하지 않고 상대방에게 알아서 관계 방식을 찾으라고 말할 수는 없습니다.

대략 지역에서 문제라고 생각하는 것에서 출발해볼 수 있을 것 같습니다. 시마코토 아카데미 첫 회에 시마네현 담당자가 과제선진화 지역이라고 강조한 것, 좀 더 거슬러 올라가면 다나카 주임이 설명회에서 시마네에는 사람이 없다고 강조한 것 등도 그러한 문제에 해당됩니다. 소설한 사람들이 문제를 보고 해결하려고 고민하게 되면서 좀 더 구체적인 역할을 발견하게 되고 지역 선택도 가능하게 됩니다. 막연하게 무엇이든 좋으니 아무튼 참여해 달라고 하면 계기조차 마련하기 어렵습니다. 지역의 문제를 부정적으로만 생각하지 말아야 합니다.

넷째, 자신의 일로 여기게끔 하는 문제입니다. 지역에 문제가 있다는 것을 알게 되고 참여 방법을 제시해도 자신에게 적합한 일인지 스스로 판단하기는 쉽지 않습니다. 그래서 참여 방식과 자신과의 조화를 이루도록 지원할 필요가 있습니다.

이런 목적을 위해 시마코토 아카데미에서 마련한 장치가 시마코토 플랜(활동계획서)이었습니다. 농부용 작업복을 만드는 나카지마는 수강을 준비할 때에는 단순히 자신이 하고 싶은 농업과 시골 살기를 위해 I턴하고 싶다는 생각만 했지만 수강 과정에서 자신이 할 수 있는 디자인과 농업을 엮어서 소셜 디자인을 만들 수 있다고 여기고 그렇게 자신의 일을 찾게 되었습니다.

다섯째, 사람을 연결하여 신뢰 네트워크를 구축하는 문제입니다. 관계인구는 그 지역으로 이사하는 것이 아니라 떨어져 있으면서도 지역에 참여하고 도움이 될 수 있는 친구라고 할 수 있습니다. 그러기 위해서는 지역에서 활동하기도 하고 지역 주민과 협력해야 하기 때문에 지역 주민과 직접 연결되어야 합니다. 시마코토 아카데미의 인턴십 형식이 그런 사례겠지요.

미우라 멘토는 인턴십에서 수강생의 마음을 전해 듣고 생각하여 어떤 사람을 만나면 좋을지 매칭해줍니다. 연결된 사람들과는 인턴십이 끝난 뒤에도 그 인연이 이어집니다. 결과적으로 관계인구 만들기로 이어지는 것입니다. 사람을 움직이는 것은 역시 사람이니까요.

또한 지역에서는 준비를 이어가는 속에서 이야기를 전해줄 만한 사람의 순서를 정한다든지 돌파구가 되는 사람이 있습니다만 실정을 모르는 외지인은 이런 정보를 파악하기 듭니다. 이런 세세한 사정을 친절하게 알려줌으로써 실천이 쉬워지는 것입니다.

인구감소, 인재증가

5개의 핵심 포인트보다 잊어서는 안 되는 기본자세가 있습니다.

그것은 이주·정주를 목표로 하지 않는다는 것입니다. 확실히 시마코토 아카데미를 통해 이주하는 사람도 있지만 그것은 결과적으로 이주하게 된 것이지 이주 촉진을 위해 시마코토 아카데미를 만들고 운영한 것은 결코 아닙니다.

관계인구의 가치는 지역에 이주할 것인가 말 것인가가 아닙니다. 떨어져 있어도 관계를 가지고 도움이 된다면 그걸로 충분합니다. 지역의 친구가 되는 것이 목적입니다. 메이지대학 오다기리 교수는 '인구감소·인재증가'라는 사고방식을 제시했습니다. 인구감소시대에 어떻게 해도 감소를 막기는 힘들지만 그렇다 하더라도 지역에 참여하는 인재가 늘면 지역에 활력을 제공할 수 있다는 것입니다. 인구가 100명에서 90명이 되어도 지역을 생각하고 관여하는 인재가 10~20명 증가한다면 지역은 쇠퇴하지 않습니다. 지역 주민의 노력과 관계인구의 참여가 있으니까요.

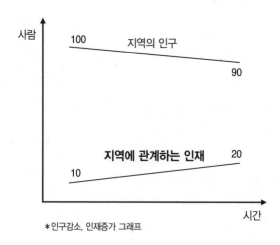

*인구감소, 인재증가 그래프

지역인구 감소의 의미

이 책은 주로 시마코토 아카데미 그리고 시마네와 도쿄 사이의 관계인구를 언급했기 때문에 한정적 논의라고 볼 수도 있습니다. 좀 더 다양한 관계인구가 있고, 관계 방식 또한 지역별로 다를 수 있기 때문입니다. 사시데 편집장은 시마네 지역뿐만 아니라 효고현 토요오카시 시로자키온천 대책과 기타규슈시 고쿠라에 있는 게스트하우스 Tanga Table의 사례를 경험한 적도 있습니다.

어찌되었든 지역은 곧바로 소멸하지 않습니다. 지역을 포기하고 참여하는 사람들이 없어지는 것만이 지역쇠퇴이고 소멸입니다. 이제까지 긴 시간, 지역은 인구감소가 이어져 밝은 미래가 보이지 않았지만 분명히 새로운 흐름이 만들어지고 있습니다. 도시 청년의 눈이 지역으로 향하고 있습니다. 또한 도움이 되고 싶다는 생각 아래 매력 있는 도전의 장으로 지역을 받아들이는 사람도 있습니다.

이런 흐름을 시대에 맞춰 살리는 방법이 관계인구라는 사고방식입니다. 그리고 흐름을 살리거나 죽이는 것은 각 지역의 수완에 달려 있습니다. 좀 더 정확하게는 지역에 사는 한 사람 한 사람의 수완이 중요한 것입니다. 그렇습니다. 누구라도 관계인구 늘리기가 가능하고 누구라도 어딘가의 관계인구가 되어 친구로서 응원하고 열광할 수 있습니다. 이렇게 생각하면 왠지 두근거리지 않습니까.

강좌의 그룹워크에서 종이와 포스트잇을 사용하여 자신의 강점과 약점, 지역의 가능성과 과제를 쓰는 작업을 하는 모습

시마코토 아카데미의 인턴십 장소는 서부, 동부, 오키 지역 가운데 선택할 수 있다

인구의 진화

시마코토 아카데미의 수강생과 수료생, 관계자 들 앞에서 자신의 활동계획서를 발표하는 모습

강좌의 최종 회차에서는 시마네현 담당자로부터 졸업증서를 받는다

시마코토 아카데미의 발자취를 되돌아보고 느낀 것은 혁신이 반드시 일어나야 한다는 식의 느낌은 아니었습니다. 관계인구를 만든 시마코토 아카데미에 참여한 사람들은 처음부터 관계인구를 만들고, 인구감소시대의 일본을 구하기 위해 혁신하자라는 생각으로 모인 것이 아닙니다.

한 사람 한 사람이 자신의 문제의식을 소중하게 생각하고 고민하면서, 열심히 땅에 발을 디뎌가며 묵묵히 전진한 것입니다. 그 결과 처음에는 점에 불과했는데 한층 더 넓게 되어 시마코토 아카데미라는 면을 형성할 수 있었습니다.

이 책에 등장한 한 사람 한 사람의 이야기를 더듬어보면 우연이라기보다는 필연처럼 느껴질 수도 있습니다. 어쨌든 시마코토 아카데미의 홍보가 처음부터 잘 이루어지고 강사진이 화려해서 사람을 매료시켜 끌어들인 것은 아닙니다.

그것보다는 확실하게 좋은 것, 사회에 필요한 것을 만들기 위해 노력했다는 사실이 중요합니다. 도시에 살면서 지역과 관계하고 싶고 도움이 되고 싶은 사람들의 필요와 생각에 부응하는 장으로서 기능했기 때문에 사람들이 모여든 것입니다.

저는 스스로 독립하기 전부터 시마코토 아카데미를 보아왔습니다. 같은 시기에 도쿄에 있던 다나카 주임과 자주 의논했었고 미우라 멘토가 지원했던 시마코토 아카데미의 사업계획서를 넥스트 시마네의 모두가 함께 나눠보았습니다.

지금은 시즈와 《소토코토》의 컨소시엄이 다행이라고 생각했지만 당시에는 일단 탈락한 거라 분한 마음도 있었습니다. 그러나 그 후에도 취재나 강사 등의 형태로 만남을 이어가 이번에 출판까지 하게 되었으니 그 인연에 감사드립니다.

이 책을 쓰는 과정에 편집부의 하시모토 안나(橋本安奈)와 하야노 슌(早野隼)으로부터 도움을 받았고 큰 신세를 졌습니다. 집필하면서 몸과 마음이 힘들 때마다 하시모토가 격려해주었습니다.

이 책을 처음에 기획해준 후지와라, 사시데, 미우라, 다나카를 시작으로 책에 등장한 분들은 바쁘신 중에도 시간을 내어 적극적으로 취재에 응해주셨습니다. 시마코토 아카데미 수료생들도 취재에 응해주고 응원까지 해주었습니다. 감사합니다.

또한 절차탁마하는 시마네와 저널리스트 동료들, 셰어오피스와 셰어하우스의 멤버, 가족, 조언을 해준 야마모토 유(山本悠), 이와타니 게이(岩谷圭)에게도 다시 한 번 감사의 말씀을 드립니다.

물론 독자 여러분께도 깊이 감사합니다.

글을 쓴다는 것은 고독한 일입니다. 음악가가 라이브를 하면 청중과 함께 호흡하며 일체감을 느낄 수 있지만 글 쓰는 작가는 눈앞에서 독자를 느낄 수 없습니다. 독자가 보이지 않는 것입니다. 그렇다고 독자를 생각하지 않는 것은 아닙니다. 언제나 독자, 즉 지금 이것을 읽고 있는 당신의 모습을 상상하면서, 망상하면서 쓰고 있습니다. 그러니까 당신이 읽어주는 것 자체가 기쁩니다.

처음에도 썼듯이 분명 이 책을 들고 있는 사람은 인구감소 때문에 마음이 아프고, 지역을 생각하는 사람들일 것이라고 상상합니다. 그런 분들을 향해서 지역을 생각하는 청년이 늘고 있으니 함께 살려보자고 전하고 싶었던 것이 이 책입니다. 누구라도 관계인구를 만들 수 있고 관계인구가 될 수 있다. 다른 다양한 유형의 관계인구를 함께 모색해보자라고 말하고 싶습니다.

보통 지역에 살면 일상 속의 흐름은 좀처럼 느끼지 못한다고 상상합니다. 인구가 줄어드니까 어쩔 수 없다라며 포기하고 힘과 용기를 팽개쳐버린 사람들도 보아왔습니다. 그렇지만 포기하지 않길 바랍니다. 시마코토 아카데미의 사례를 적용하면서 끈질기게 헤매다 보면—반복해서 쓴 것처럼—확실히 흐름은 생길 수 있습니다. 시대에 형성되는 새로운 방법들을 선택할지 말지 여부는 당사자가 결정하는 것입니다. 시대에 있던 방법으로 살릴까 말까는 당신의 수완입니다.

자! 지금부터 시작입니다.

인구 개념에 대한
유연한 상상력이
필요하다

출구는 없는가

전국 어디에서든 저출산·고령화가 큰 문제로 떠오르고 있다. 저출산·고령화 심화에 따라 인구가 줄어들게 되면서 지방은 소멸할 것이라는 지방소멸론이 기정사실처럼 되어 있다. 거슬러 올라가보면 1999년 폴 월리스(Paul Willis)는 인구지진(age-quake)이 자연지진 9 정도의 센 강도로 진행되고 있다고 경고했고, 2014년 해리 덴트(Harry S. Dent)는 인구소멸 위기를 (인구감소 그래프가 절벽 모양처럼 급감한다는 의미에서) 인구절벽(demographic cliff)이라고 표현했다.

일본에서는 2014년에 「마스다 보고서」가 발표되면서 소멸 예정 목록에 포함된 많은 지자체들이 소멸 위기의 혼란에 빠지기도 했다. 이대로 가다간 20년 내에 많은 지역에 사람이 없어지고 결국 텅 비어버리고 말 것이라는 전망이 나타나고 있으며 그러한 전망은 곧 절망과 공포로 이어지고 있다. 출구가 보이지 않는다. 수도권 외 지역은 다 망한다고 하니 정말 위기이고 급박한 상황이 된 것이다. 그렇다고 손 놓고 멍하니 있을 수도 없으니 (주로 수도권 인구를 대상으로 하는 것이지만) 다른 지역의 인구라도 데려오자며 지역으로의 이주를 권장하는 정책도 생겼다.

이 책은 현재의 상황을 '관계인구'라는 개념을 통해 어떻게든 좀 더 나아지게 만들려고 노력한 기록이다. 그러나 안타깝게도 우리나라의 현실에서 관계인구는 불가능하다. 관계인구를 통해 어떻게든 현재의 문제를 해결할 수 있는 출구를 만들기 위해서는 이제까지와는 다르게 생각해보아야 한다.

일단 인구에 대한 생각의 폭이 좀 더 넓고 유연하게 바뀌어야 한다. 정주인구만 인구가 아닌 시대가 되었기 때문이다. 물론 인구통계를 내는 정부기관에서는 정주인구가 가장 중요하다. 세금을 걷고 복지 등의 정부 서비스를 시행하기 위해 정주인구는 반드시 필요하다. (정주인구의 연장선상에서) 지역으로 들어오는 이주민 현황도 파악할 필요가 있고, 한편으로는 지역을 홍보하고 지역경제 활성화를 위해서 관광인구도 중요하다.

현재까지는 체류 시간이 가장 긴 정주인구, 체류 시간을 늘리러 온 이주인구, 그리고 잠시 들르러 온 관광인구 등 세 종류의 인구층만을 중요하게 생각해왔다. 그러나 이 책에서는 인구에 대한 생각의 폭을 관계인구로 늘리자는 제안을 한다.

정주인구만 중심으로 생각하면 저출산·고령화가 급속히 진행되고 있으니 달리 해결책이 없다. 어느 날 갑자기 이주인구나 관광인구가 늘어날 확률도 거의 없기 때문이다. 물론 수도권 인구를 분산시켜 전국의 인구분포 균형을 맞추겠다며 행정구역 통폐합이나 수도권 인구분산정책을 추진할 수 있을지 모르지만 강제로 그렇게 한다고 이미 정해져 있는 총량이 극적으로 변화할 리 만무하다.

대가족을 거느린 이웃이 때때로 겪는 궁핍 또는 자신의 현재 소비와 수입을 생각해보자. 7~8명의 가족을 거느릴 경우, 각 가족 구성원에게 돌아가야 할 자원의 양을 계산하면서, 장차 태어날 자녀를 부양할 수 있을지 고민한다. 이 세상에 평등이 실현된다면, 이것은 간단히 해결할 수 있는 문제일지도 모른다.

그러나 현재와 같은 사회에서는 사회적 지위 저하에 대한 우려, 가족 부양이 가능한 소득 수준의 일자리를 구할 수 있을지에 대한 고민, 결혼 이후 가중될 노동에 대한 부담감, 자녀 교육과 부양, 경제적 독립 가능성 등 온갖 상황에 대한 고려가 필요하다. (23쪽)

자녀를 능히 양육할 수 있다는 충분한 확신이 설 때까지 결혼하지 않는다는 의무를 지키는 것이 빈곤 방지에 가장 효과적이라는 사실이 증명된다면, 이러한 도덕적 의무가 충분히 관심의 대상이 될 만하다. 본능적인 충동에 따라서 청춘기에 결혼하는 것이 일반적인 풍습이 된다면 우리가 알고 있는 모든 도덕에도 불구하고 결국 가장 비참하고 절망적인 가난과 이에 수반하는 온갖 질병과 기근으로부터 사회를 구해내는 것은 불가능하다. (455쪽)

인간의 의무는 단지 자손 증식에 한정되는 것이 아니라 도덕과 행복을 증대시키는 데 있다는 것, 그리고 이를 실현할 전망이 보이지 않는다면 함부로 자식을 낳아서는 안 된다는 것을 사람들의 마음에 확실하게 각인시켜야 한다. (502쪽)

(Malthus, T. R. 1798. An essay on the principle of population. 이서행 역. 2011. 『인구론』. 서울: 동서문화사. 맥락에 맞게 다소 수정함)

그 유명한 『인구론』을 펴낸 맬서스가 200여 년 전에 한 말이다. 인구증가 속도가 식량 증가 속도를 웃도는 시기, 즉 현재와 정반대의 상황에서 한 말이지만 모순적이게도 현재의 상황에 딱 들어맞는다. 즉, 인위적인 인구조정정책은 그 원인에 대한 해결책 모색과 함께 정책의 실시 이유에 대한 사회적 공감대가 동시에 진행되지 않는다는 한계가 있다는 의미이다. 왜 아이를 낳지 않고 왜 지역으로 가지 않는가에 대한 명쾌한 문제의식 없이 덜컥 정부가 위기감만 강조하며 억지로 정책을 실시해봐야 성공할 확률은 거의 없다는 것이다.

과연 이런 출구밖에 없는 것일까. 시대 변화를 이해하며 변화의 필요성에 대해 충분히 대화하고 지역 주민들 스스로 과제를 제시하면서 정책이 이에 호응하는 형태로 순리적으로 진행되기를 바라는 것은 물정 모르는 무모한 기대일까.

왜 관계인구인가

이 책에서 소개한 '관계인구'는 매우 생소한 개념이다. 누가, 어디에서, 무엇을, 어떻게, 왜 관계해야 하는가를 알아야 이해할 수 있는 개념이다. 저자는 자신의 도시 생활에서의 느낌, 고향인 시마네에 대한 만감, 청년 계층의 지역에 대한 관심을 동시에 실감하면서 그 과정에서 관계인구라는 개념을 체계적으로 소개했다.

1) 누가 관계인구인가

관계인구는 지역에 대해 느슨한 관심을 갖고 지속적으로 도움이 되길 바라는 인구층이다. 느슨한 관심이라는 것은 대충 아무래도 상관없다는 의미의 무책임한 느슨함이 아니라 이주하겠다는 대단한 각오나 (모두가 고향을 사랑하는 것은 아니니까) 자신이 살고 있는 지역에 대한 끈질긴 애증보다는 낮은 강도의 느낌이다. 기본적으로 지역에 대한 호감을 바탕으로 시간을 두고 신뢰를 쌓고 싶다는 의미에서의 느슨함이기 때문에 무른 관심이라기보다는 유연한 관심이라고 표현하는 것이 더 적절할지도 모른다. 즉 관계인구는 '지역에 대해 유연한 관심을 갖고 지속적으로 지역에 도움되고 싶어하는 새로운 인구층'이다.

2) 관계인구는 어디에 있고 어디와 관계하는가

관계인구는 어디에나 있다. 예전에는 고향을 떠나 대도시에서 학교와 직장 생활을 하고 향수병을 간직한 채 살다가 은퇴 후에 모든 일을 다 놓고 귀농하는 식의 탈(脫)고향인구가 많았다.

그러나 요즘에는 도시와 지방이라는 이분법적인 구분이 아니라 수도권 내에도 지역이 있고, 대한민국 전체를 지역으로 부를 수 있다. 광범위한 의미에서 지역은 모든 지역을 의미한다. 즉 청년층의 이주가 활발해지다 보니 딱히 특정 지역에 어느 정도의 관계인구가 살고 있다는 위치 개념으로 범위를 한정하기 어렵다.

그리고 이들이 관계하는 지역은 반드시 고향을 의미하지 않는다. 부모 세대의 고향은 자연 정취도 있고, 주변에 친척도 많았던 끈끈한 공동체이지만 획일화된 아파트에서 집-학교, 집-직장 생활을 반복해온 요즘 세대들은 고향이라는 푸근함 자체를 찾기 어렵다. 오히려 출생지보다는 다양한 범위의 경험지로서의 지역에서 관계를 형성할 수 있다는 개방적 접근이 더 적절한지도 모르겠다.

3) 관계인구는 어떻게, 무슨 활동을 하는가

관계하는 활동은 다음의 관계인구 위치 그림에 나와 있듯이 지역 특산품 구매, 자주 방문, 혹은 두 지역 거주까지 다양할 수 있다. 혹은 제3장의 관계인구 유형처럼 창업, 도시에서 지역 행사 개최, 연구회 모임 만들기 등의 유형도 가능하다.

좁게 보면 특정 지역에 호감을 갖고 있는 것이 관계인구이지만 넓게 보면 그리고 좀 더 적극적인 관계인구 활동을 상상해보면 아마도 아이돌 팬클럽 정도의 높은 수준의 참여 활동을 관계인구 활동으로 생각해볼 수 있다. 조용한 호감을 간직한 단계부터 열렬한 응원을 보내는 단계까지 가능한 것이다.

처음에는 그냥 괜찮은 호감 정도에 머물렀지만 더 좋은 느낌을 갖게 되면서 자주 방문하게 되고 사람도 알게 되면서 그 지역의 상품을 구매하기도 하고, 단순한 관광지 유람하기 정도의 수준이 아니라 그 지역의 역사와 문화 혹은 현재의 삶에 매력을 느껴 현재의 거주지와 그 지역에서의 거주를 생각해보기도 하고, 시험 삼아 살아보다가 아예 눌러앉게 되는 결과에 이르게 될 수 있는데 처음의 관계 단계와 최종의 거주 단계 사이에 있는 모든 인구층이 관계인구인 것이다.

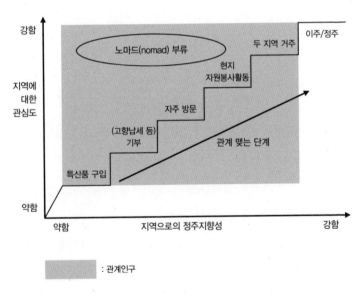

관계인구의 위치

인구의 진화

4) 왜 지금 관계인구인가

관계인구의 개념이 비교적 최신 개념이라고 한 이유는 실제로 2010년대 중반에 형성된 개념이기 때문이기도 하고 후기의 앞부분에 쓴 것처럼 인구소멸 위기에 대한 효과적인 대안으로 구성할 수 있는 새로운 함의를 제시하고 있기 때문이다.

정확하게는 2016년 《먹거리 통신》의 다카하시 편집장이 처음 소개한 용어이지만 이때에는 자주 방문하는 인구라는 시간 축만 강조한 개념이었고, 2016년의 사시데 편집장의 저서와 2017년의 다나카 데루미의 저서에 소개되면서 시간 축뿐만 아니라 지역에 대한 사회적 영향력이라는 관계 축이 더해져 정교해진 개념이다.

일본 정부는 관계인구 개념을 2016년부터 공식적인 정책으로 채택하였으며 2021년 현재에도 활발히 관계인구정책을 실행하고 이와 연관된 다양한 출판물도 계속 나오고 있다. 참고로 우리나라에서는 2018년 후반기부터 관심 있는 지자체별로 산발적으로 주목받기 시작한 개념인데, 최근 지역소멸론이 조금씩 확산되면서 관계인구의 개념을 언급한 보도 횟수가 증가하고 있다.*

유연한 상상력 속에서 출구를 발견하다

인류의 오랜 역사에서 진행된 인구 구분은 자연적인 것이 아니라

---

*"[아무튼 로컬] 관계인구: 로컬과 관계 맺는 사람들"(더나은미래. 2021.02.02. 한종호 강원창조경제혁신센터장) 참조. (역주)

사회적인 것, 특히 정치·행정적인 것이었다. 우리에게 익숙한 개념은 세금을 잘 걷기 위해서는 정확한 호구조사가 이루어져야 한다는 것, 즉 호적에 기반한 인구이다. 그런 관점으로 가가호호 인구조사에 기반한 호적인구통계를 바탕으로 국가의 모든 행정을 계획하고 진행해왔고, 그런 관점으로 보다 보니 정주인구가 줄어들면 지방세가 줄어들어 지역이 소멸하고 국가도 살기 어려워진다는 '위기론'이 간단하게 만들어지고 굳어지게 되었다. 오랜 농경사회의 전통도 호적 기반 인구 개념을 강화하는 데 한몫을 했다.

물론 정주인구는 분명 중요하다. 그러나 정주인구에 대한 집착은 또 다른 폐단을 만들 수도 있다. 그러기에는 너무 많은 인구이동이 이루어지고 있고, 지역에 대한 소속감이 약해지는 상황이기 때문이다.

이제는 새로운 시대 변화를 생각하면서 인구 개념에 대해 좀 더 유연한 상상력을 더해볼 필요가 있다. 과거의 개념에 머무르는 것만으로는 출구가 보이지 않는다. 사시데 편집장의 말처럼 소셜(social)을 키워드로 이 난국을 타개할 수 있는 새로운 접근이 필요하다. 그래서 지금 관계인구의 개념에 주목할 필요가 있다.

밖으로부터의 주기적인 경제위기와 끊임없는 자연재해 그리고 모든 시간을 멈추게 한 팬데믹 재앙으로 이어지는 충격, 그와 다른 층위에서 새롭게 형성되는 청년문화와 청년창업 등의 대안적 흐름, 이두 가지가 맞물려 관계인구의 형성 조건을 만들고 있다. 즉 위기가 심화된다는 것은 이제까지의 접근 방식이 잘못되었다는 것이니 인구문제에 대해서는 정주인구 중심 개념이 아닌 이동인구에 대한 고려가 필요하고, 대안문화나 대안경제를 추진하는 계층의 취향을 반영하여 심리적·경제적 장애물을 낮추고 네트워크를 형성할 수 있는 접근이 필요한 것이다.

마치 포스트모더니즘이 근대의 종언을 이야기한 것처럼 관계인구는 농경사회 중심의 정착에 기반한 인구 개념이 네트워크사회에서 이동과 유연한 연대에 기반한 인구 개념으로 전환되어야 한다고 주장하는 개념인 것이다.

관계인구 개념의 시사점

일본의 이런 사례를 보면서 우리나라에서 관계인구 개념을 좀 더 수용하려면 어떻게 접근하는 것이 좋을까에 대해 고민하지 않을 수 없다. 그래서 관계인구 개념에서 꼭 참고해야 할 몇 가지 특징 혹은 시사점을 제시하고자 한다.

1) 사람을 중심으로 생각해야 한다

$$712,336$$

$$\wedge$$

$$13,212,226$$

$$\frac{1}{712,336}$$

$$\vee$$

$$\frac{1}{13,212,226}$$

이 책에서 가장 인상적인 도표이다. 대도시 인구와 지역 인구를 비교하면서 총 인원수로 따지면 대도시가 월등히 앞서지만 분자에 사람 한 명(1)을 배치하면 한 사람의 비중은 지역 쪽이 훨씬 크다는 것이다. 이는 단순한 수치 비교가 아니라 상황을 어떻게 다르게 역전시켜 인식할 수 있는가를 보여주는 그림이다.

그저 대도시에 많은 인프라가 있으니 수도권으로 가자는 식이 아니라 지역에서 나의 가치를 높이고 지역에 기여할 수도 있으니 좋다는 새로운 발상을 보여주는 것이다. 위기가 기회가 되려면 이러한 다양한 발상의 전환으로 현실에 접근하는 것도 필요하다.

2) 결과를 위해 과정을 희생하지 않는다

정주인구만 늘리려면 지원금을 늘리거나 새로운 정책을 구성하여 어쨌든 인구수를 늘릴 수 있을지 모른다. 그런데 그런 결과지상주의가 아닌 본질적인 관점에서 본다면 언제까지 무한정 지원금에 의존할 수도 없고, 긴 일상을 살 수 있는 또 다른 무언가를 지역에서 발견할 수 있어야 한다. 그렇다고 새삼스럽게 앞으로 살아야 할 곳을 답사하는 심정으로 지역에 방문해봐야 지역의 어디에 찾아가서 누구를 만날지, 관공서에 이주 상담과라도 있어서 찾아가서 상담하면 답이나 나올지 모르겠어서 헤매는 상황이 된다.

그래서 이 책에서는 그 준비 과정으로서 시마코토 아카데미를 상세히 소개하고 있다. 외지인과 지역인을 만나게 하는 교육과 훈련 그리고 만남의 장으로 아카데미라는 관계안내소를 보여주고 있는 것이다. 특산품을 판매하고 명승지 몇 개를 소개하는 관광안내소가 아니라 사람과 일을 이해하고 배울 수 있고, 시험 삼아 참여할 수도 있는 관계안내소를 운영한 것이다.

이런 시도는 단기간에 결과를 도출하기 위한 것이 아니라 그 과정에서 참여자 모두가 충분히 납득하면 좋겠다는 생각으로 진행한 것이다. 성급히 목표를 재촉하지 않고 개인의 체험을 소중히 여기며, 한편으로는 이주의 의무보다 개인의 권리에 기반한 소통을 중요하게 평가한 것이다. 그 결과가 이주로 나타난다면 좋겠지만 단지 이주만 유일한 목표로 설정하지 않았으며, 그 모든 과정을 원활하게 결과와 연결시키려고 노력했다는 점에서 매우 혁신적인 시도이다.

3) 지역과의 관계 맺음을 소중히 한다

시마코토 아카데미는 유료이다. 그 정도의 수강료가 얼마나 적절한 것인지 충분히 가늠하기는 어렵지만 비용을 스스로 부담하면서 어느 정도의 책임감을 부여하고자 한 것 같다. 비용에 따른 책임감 뿐만 아니라 사회적 책임감도 필요하다.

이 책의 저자는 체류 기간을 중심으로 한 시간 축보다는 관계 축을 중심으로 지속성과 의미 있는 효과를 유도해야 한다고 강조하였고, 아카데미 운영의 핵심 인물인 사시데 편집장도 2012년부터 끊임없이 소셜의 의미를 강조하며 시마코토 아카데미를 통해 소셜 인재 육성을 위해 노력해왔다.

나뿐만 아니라 지역에도 도움이 되고 싶다는 이런 사회적 책임감
은 비단 지역 활성화 분야에서만 중요한 것이 아니라 최근에는 기업
의 사회 공헌 활동, 새로운 창업 분야로 주목받고 있는 소셜 벤처
(social venture)나 로컬 벤처(lcal venture) 분야에서도 강조하고 있
는 부분이다.

퍼트남(Putnam)의 사회자본(social capital) 개념은 내집단 강화를
위한 결속자본(bonding capital)과 집단 간 결속을 강화할 수 있는
연결자본(bridging capital)을 모두 포함한다. 이런 식으로 본다면
관계인구에서의 사회적 책임감은 내집단 강화를 위한 결속자본만이
아니라 외부를 위한 이타적 책임감과 자신의 정체성을 지역에서 찾
고자 하는 내재적 책임감을 모두 포함하는 집단 간 결속을 강화할
수 있는 연결자본을 의미한다고 해석할 수 있을 것이다.

4) 답을 찾기보다는 구체적인 물음이 먼저다

물론 관계인구가 되는 첫걸음이 책임감을 갖는 데서 시작하는 것
은 아니다. 그보다는 오히려 차근차근 자기만의 소통 방법을 고민
하면서 지역의 과제를 찾아나가는 것이 첫걸음이다. 억지로 무리한
것을 만들려고 하지 않아도 된다. 성급히 답을 정해놓기보다는 구
체적인 물음을 찾아야 그 과정에서 사람이 보이고 자신의 역할이 보
이고 어떤 의미로든 책임감이 형성될 수 있다.

5) 관계인구, 응원인구, 우호인구, 연결인구

국내에는 본격적으로 소개되지 않았기 때문에 관계인구라는 용어는 아직 어색하다. 입에 붙지 않는 말이다. 그 대신 응원인구나 우호인구, 연결인구라고 부르는 것은 어떨까 하는 생각도 든다.

서울 주민이면서, 강릉을 좋아할 수도 있고, 군산을 자주 가기도 하고, 제주를 동경할 수도 있다. 그 강도가 점점 높아져 이동을 자주 하게 되면 몸은 떨어져 있지만 마음은 연결되어 있는 관계인구가 될 수 있다. 유독 어떤 지역에 마음이 끌리거나 기왕 끌리는 마음으로 실질적인 도움을 주고 싶다거나 미처 깨닫지 못했던 새로운 프로젝트를 하는 지역이 있으면 크라우드펀딩으로 돈을 보내면서 마음도 보낼 수 있는 것이다.

어쨌든 관계인구는 관광인구와 정주인구 사이에 있는 개념이기 때문에 협소한 범위로 한정되는 배타적인 의미가 아니라 지역을 우호적으로 응원하고 연결하는 형태의 포괄적 의미가 더 강하다.

전체적으로 이 책을 관통하는 관계인구를 통한 지역 활성화의 비결은 개인과 지역의 연결을 위해 끈기 있게 꾸준히 노력해야 한다는 것이다. 이를 통해 의무감이나 패배의식으로 지역을 향하는 것이 아니라 기꺼이 자신의 역할을 발견하여 지역으로 가는 인구들이 형성되고, 그렇게 여러 지역이 자신들의 매력과 매치하였을 때 지역이 활성화된다는 것이다. 물론 이런 정리는 말로 할 수는 있지만 이 책에 나오듯이 지역에서 직접 체험했을 때 더 실감나게 체험할 수 있는 전략이기도 하다.

몇 년 전부터 지역재생에 대한 연구를 하면서 많은 장면을 지켜보고 있다. 지역 현장의 창업자나 중간지원조직 그리고 중앙정부와 지자체마다 지역 활성화에 대한 고민이 많다는 것을 알 수 있었다.

뭔가 도움이 될까 하는 생각으로 도쿠시마현의 가미야마 지역 사례를 자세히 취재한 간다 세이지 기자의 책을 번역하여 출판하였고(『마을의 진화』, 2020. 반비), 지역 활성화를 위해서는 우리 사회의 공고한 편견을 좀 더 분명히 인식하고, 지역 사람, 자원, 소통의 문제에 대해 좀 더 눈여겨봐야 한다는 것을 강조하기 위해 간략한 책을 집필했다(『로컬의 진화』, 2020. 스리체어스).

그 사이에 내가 속한 연구팀이 고민했던 것은 지방이라는 차별적이고 주변적인 용어를 최대한 배제하되, 요즘 뜨는 로컬이라는 용어보다는 지역이라는 용어를 좀 더 분명하게 개념화할 필요가 있다는 것이었다. 연구의 핵심이 개념 규정과 가설 수립에서 시작되는 것이기 때문에 이 문제는 앞으로도 계속 연구팀의 과제로 남아 있다.

또한 외국 사례를 단지 홍보하는 느낌으로 소개하는 것보다는 하나의 사례라도 깊고 자세히 소개하면서 그 안에서 진행되는 장단점을 인식할 수 있도록 적극적으로 해석하여 소개할 필요가 있다는 것이다.

번역서를 낼 경우에 항상 조심스러운 부분이기도 한데 다시 말하지만 이 책은 일본 지역에 대한 일방적인 홍보 자료가 아니라 우리나라의 지역 활성화를 위해 참고할 만한 개념을 제시하되 그 개념이 지역에서 실현되면서 어떤 고민들이 진행되었는가를 현장의 자세한 이야기를 통해 좀 더 먼저 알리고자 하는 일종의 반면교사 자료이다.

아울러 이 모든 것이 현재 상태보다는 더 나은 상태를 지향하고 변화된 상태에 대한 적응의 조건을 구체적으로 제시한다는 의미에서 각 부분의 '진화' 콘셉트로 연구를 진행하고 있다. 그래서 이 책의 제목을 원서의 제목을 감안하되 『인구의 진화: 지역소멸을 극복하는 관계인구 만들기』라고 정했다. 현재 진행하고 있기도 하지만 앞으로 조직의 진화, 인식의 진화 등 지역 활성화에 도움이 될 수 있는 연구 성과물을 준비하고 있다.

진화를 선언한다고 해서 진화해야만 한다고 성급히 주장하는 것은 아니다. 솔직히 이 책이 매우 마음에 들었지만 성급한 지자체에서 관계인구 만들기 경쟁을 시작하면 어떻게 하나 하는 우려감도 동시에 들었다.

관계인구는 각자의 사정을 고려하여 충분히 시간을 두고 지역과 소통하며 참여하는 방식인데 그 취지에 대한 충분한 고민 없이 관계인구 만들기 '대작전'이 진행된다면 이 책의 번역이 지역 활성화에 도움이 되는 것이 아니라 또 다른 장애물을 하나 더 보탠 것에 불과할 수도 있다는 우려감이었다(기우이지만 부디 지자체 관계자가 이 책을 읽게 된다면 관계인구 개념을 섣부르게 행정사업화하려는 시도를 하지 않길 바란다).

이 책의 원서는 2017년에 출판되었다. 2021년 현재까지 4년여 사이에 일본 내부에서도 큰 변화가 있었다. 이 책뿐만 아니라 관계인구 관련 서적도 좀 더 많이 출판되었고, 잡지 《소토코토》는 매호마다 관계인구 특집을 연재하였으며, 일본 총무성은 (공식적인 개념으로 채택이 된 지 얼마 되지 않았기 때문에 아직 체계적인 데이터는 부족하지만) 관계인구 개념을 공식적으로 채택하고 전문 웹사이트까지 개설하는 등 관계인구 개념을 알리기 위한 체계적인 노력을 기울이고 있다(https://www. soumu. go. jp/kankeijinkou).

2020년 1월 일본 국토교통성 발표에 의하면 3대 대도시권의 18세 이상 거주자 4,673만 명 가운데 23.2퍼센트인 천만 명 정도가 관계인구로 나타났다.* 유형별로는 취미·소비형(10.5퍼센트), 참가·교류형(5.8퍼센트), 취업형(3.9퍼센트), 직접 기여형(3퍼센트) 순으로 나타났으며, 직업별로는 회사원(31.2퍼센트), 주부(16.7퍼센트), 무직(14.4퍼센트), 파트타임(12.7퍼센트), 자영업(5.9퍼센트) 순이었다.

다만 이러한 정책이 2009년부터 시작한 지역부흥협력대의 보완을 위한 정책인지 아니면 별개의 정책인지, 이러한 정부의 개입이 관계인구 형성에 도움이 되고 있는지 아닌지는 좀 더 지켜봐야 할 부분이다.

이 책의 번역을 준비하는 내내 코로나 위기가 심화되고 있었기 때문에 전작인 『마을의 진화』를 번역할 때처럼 현지를 방문하는 식으로 시마네현을 방문할 수 없었다. 대신 《소토코토》의 사시데 편집

---

*https://www. mlit. go. jp/report/press/kokudoseisaku03_hh_000193. html

장과 키라쿠샤(木樂舎)의 출판담당자께서 친절한 안내를 해주어서
번역출판이 가능하게 되었다. 그 친절함에 매우 감사드린다.

2021년 8월

역자를 대표하여, 조희정

● 인구의 진화

지역소멸을 극복하는 관계인구 만들기 ●

ⓒ다나카 데루미

초판 1쇄 발행 2021년 8월 17일

초판 2쇄 발행 2022년 8월 1일

지은이 다나카 데루미

옮긴이 윤정구·조희정

펴낸이 서복경

기획 엄관용

편집 이현호

디자인 와이겔리

펴낸곳 더가능연구소

등록 제2021-000022호

주소 04071 서울특별시 마포구 성지길 36-12, 1층(합정동, 꾸머빌딩)

전화 (02) 336-4050

팩스 (02) 336-4055

이메일 plan@theposslab.kr

인스타그램 @poss_lab

ISBN 979-11-975290-2-3   04300